IN DER STRÖMUNG

Lesung in
Bennigsen!

September 08

FRIEDRICH PAPE

IN DER STRÖMUNG

LEIBNIZ-Bücherwarte

ISBN 3-925237-08-9

© by Leibniz-Bücherwarte, Bad Münder, 2005
Druck: topp-möller, Detmold

Sämtliche Rechte der Wiedergabe auf fotomechanische Weise, Video, Print/Medien
zur weiteren Verwendung, auch auszugsweise, vorbehalten

Inhaltsverzeichnis

Vorwort 7
Die Verwandlung 9
Die Uhr 19
Henny 24
Harun al Raschid 32
Isoldes Liebestod 46
Boehm 58
Lob der Schweigsamkeit 72
Der Fall Adler 77
Waräger 85
Zeugen 96
Auf dem Waldweg ein Toter 105
Zynische Miniaturen 113
  Revoluzzer im Taschenformat 113
  Einander aushalten 116
  Verlaufen 119
  Alternder Pfau 123
Wahrheit 126
In der Strömung 137
Im Vorübergehen 145
Endura 148
Kamaswami 156
Ein Flegel 164
Jan Neuhaus 170
Die Einladung 180
Kleinigkeiten am Rande 192
  Kopf im Sand 192
  Die Stimme 195
  Lauch-Zeit 197
Träume 199
  Traumdrohen 199
  Okkupation 202
  Aus der Geborgenheit gleiten 205
Publikumsbeschimpfung 208

*Zur Aufweckung des in jedem Menschen schlafenden Systems ist das Schreiben vortrefflich,
und jeder, der je geschrieben hat, wird gefunden haben, dass Schreiben immer etwas erweckt,
was man vorher nicht deutlich erkannte, ob es gleich in uns lag.*

*Eine seltsamere Ware als Bücher gibt es wohl schwerlich auf der Welt.
Von Leuten gedruckt, die sie nicht verstehen; gebunden, rezensiert und gelesen von Leuten, die sie nicht verstehen;
und nun gar geschrieben von Leuten, die sie nicht verstehen.*

*Ist es nicht sonderbar, dass man ein Publikum, das uns lobt, immer für einen kompetenten Richter hält,
aber sobald es uns tadelt, es für unfähig erklärt, über Werke des Geistes zu urteilen?*

Georg Christoph Lichtenberg

Vorwort

Lange haben sich die Freunde der Kurzprosa von Friedrich Pape gedulden müssen. „In der Strömung" ist eine repräsentative Auswahl seiner Erzählungen, die einen Einblick in sein literarisches Schaffen gewährt. Geprägt von einem christlich begründeten Humanismus, tief verwurzelt in der Philosophie des 19. Jahrhunderts, greift er bei seinen Texten immer wieder auf die elementaren Themen des Menschlichen zurück, macht sich in einigen seiner Erzählungen zum Anwalt von Außenseitern und Randfiguren. Mit oft bissiger Kritik nimmt er Intoleranz und Spießertum aufs Korn.

Was immer Friedrich Pape schreibt, ob satirisch oder sentimental, ob liebevoll verehrend oder anklagend, nie wird er dabei verletzend.

Ich hoffe, dass dieses Buch viele Freunde gewinnt und wünsche uns allen, dass es nicht das letzte Werk aus seiner Feder sein wird.

Heiner Stender, Coppenbrügge
im März 2005

Die Verwandlung
– *in Verehrung für Franz Kafka* –

Ihn durchfuhr stets ein unerklärlicher Schreck, wenn ihm auf der Straße ein Liliputaner begegnete. Kleinwüchsige Menschen waren in der Regel doch sympathisch, erweckten eher Vertrauen, als dass sie abstießen. Auch fand man unter ihnen selten einen dieser widerlichen Erfolgsmenschen, die ohne Scham ihre Ellbogen gebrauchten. Künstler schien es häufig in ihren Reihen zu geben und liebenswerte Träumer. Warum lief ihm bei ihrem Anblick eine Gänsehaut über den Rücken?
Heute war er dem berühmten Clown Davidoff begegnet, der das steife Publikum des Nordens zwar nicht zu Beifallsstürmen hinriss, auf die Gesichter durch seinen hintergründigen Humor aber ein versonnenes Lächeln zaubern konnte. Jähe Lacher, die es in seinen Vorstellungen hin und wieder gab, erstarben schnell, wenn sich das Gewicht des zunächst federleicht erscheinenden Witzes mit seiner ganzen Wucht auf den Zuhörer legte. Davidoff war ein Zwerg, der sich seiner Kleinheit freute. Freunde und Verehrer spürten bei Gesprächen mit ihm, wie sehr dieser Mann in sich ruhte, und wie er seinen dem oberflächlichen Betrachter zumeist abnorm erscheinenden Wuchs für sich angenommen hatte.
Der große Zirkusstar hatte sich in diesem Ort zur Ruhe gesetzt, nachdem er das Rentenalter längst überschritten hatte. Noch jetzt ließ er sich gern bitten, für wohltätige

oder gemeinschaftsfördernde Zwecke mit aus einer unerschöpflichen Phantasie erwachsenen Stegreifszenen aufzutreten. Einst hatte er gern mit dem Clown geplaudert, den er durch einen Zufall näher kennen gelernt hatte, als sich beide einem Demonstrationszug anschlossen, der Demokraten jedweder Couleur gegen die von rechts und links die humane Gesellschaft bedrohenden Barbaren einte. Doch verließ ihn ein geheimes Unbehagen nie, wenn er mit dem kleinen Manne sprach. Obschon sie in politischen wie philosophischen Vorstellungen weithin übereinstimmten, irritierte ihn die körperliche Besonderheit dieses von ihm hochgeschätzten Menschen so sehr, dass er irgendwann die Begegnung mit ihm mied. Warum war eine liebenswerte Laune der Natur ihm ein so schmerzlicher Stachel im Gemüt?

Benommen erwachte er in einer jener meist tröstlichen Nächte, die auf grelle Tage voll kalter Herausforderung folgen – darum so schamvoll erlitten, weil wir uns ihnen nicht oder nur eingeschränkt gewachsen zeigten. Er hörte den feinen Klang einer offenbar winzigen Geige, die womöglich von einem Wichtelmännchen virtuos gespielt wurde. Ihm war, als hätte er noch nie solche überirdischen Mozartklänge gehört. Die Zwergenwelt mochte wohl eine Abbildung unseres Lebens sein, doch ohne das wölfische, den Schwachen vergewaltigende, den gerecht Denkenden nötigende Element. Diese Musik öffnete ihm den Zugang zu einer wundersamen Oase des Verstehens. Er ahnte, dass solche kleinen Wesen in Unschuld und Selbstlosigkeit miteinander umgingen, und wusste einen Wimperschlag lang nicht, sollte er bedauern oder froh darüber sein, dass er nicht Bürger des Miniaturreichs der Großherzigen war. Er spürte, wie ihm eine winzige Hand über die schweißfeuchte Stirn strich und erschauerte.

Mit einer Hand wollte er nach seiner Uhr langen, die ihr leuchtendes Zifferblatt heute verbarg, weil er sie wohl versehentlich angestoßen hatte. Doch so sehr er sich auch reckte, den vertrauten Zeitmesser erreichte er nicht. Der Abstand zum Sims über seinem Bett schien sich verändert zu haben. Einer alten Gewohnheit folgend, wollte er ein Bein unter der Bettdecke hervorstrecken; doch seine Schlafstätte schien über Nacht gewachsen zu sein. Die Decke glich einer riesigen Zeltplane, von der er sich nur mit großer Mühe zu befreien vermochte. Als er sich von seinem Lager wälzte, um Licht zu machen, meinte er, mehrere Meter tief zu fallen. Der Teppich schien sich in eine Wiese mit harten, langhalmigen Gräsern verwandelt zu haben. Den Lichtschalter fand er trotz großer Anstrengung nicht. Mond schien durch die Vorhangritzen. Die Fenster waren offensichtlich breiter und viel höher angebracht als bisher. Er begriff, dass die Dimensionen seines Leibes geschrumpft sein mussten. Er war zu einem Winzling geworden, neben dem Davidoff als ein Riese gelten konnte.
Nicht in Panik geraten! Er musste herausbekommen, wie es zu dieser seltsamen Verwandlung gekommen war, und ob er sie rückgängig machen könnte. Ein Kälteschauer durchfuhr ihn, und er sehnte sich nach der Wärme seines

Bettes. Vergeblich suchte er an einem Bein des Gestells hochzuklettern; denn das Holz war mit spiegelglattem Kunststoff beschichtet. Schließlich hangelte er sich an der Vorhangkordel hoch, brachte die Schnur zum Pendeln und katapultierte sich so auf sein Lager, das ihn wie ein unübersichtliches Gebirge umhüllte. Wo war die Tür? Er hatte jegliche Orientierung verloren. Irgendwann würde er die Toilette aufsuchen müssen. Schweißbäche rannen ihm übers Gesicht; sein Herz raste. Er musste ans Telefon gelangen, um Hilfe herbeizurufen. Doch woher sollte sie kommen?

Mutig sprang er vom Bett in die Tiefe. Die Schlafzimmertür war nur angelehnt. Mit der Anspannung aller Kräfte schob er sie einen winzigen Spalt weit auf und schlüpfte hinaus. Nach endlos scheinender Wanderung erreichte er den Telefontisch im Flur, über dessen geringe Höhe er sich oft geärgert hatte, weil er die Tastatur nur in gebückter Haltung bedienen konnte. Jetzt erschien ihm das Tischchen wie eine Ölbohrplattform. Resigniert setzte er sich auf einer der anscheinend fußballfeldgroßen Marmorplatten nieder. Da erblickte er im Mondlicht ein Spinnennetz, das sich zwischen der Wand und einem der Tischbeine spannte. Schnell kletterte er daran nach oben und erklomm mehrfach abrutschend den Fernsprecher. Nach vielen vergeblichen Anläufen gelang es ihm, den Hörer von der Gabel zu werfen. Sein Fliegengewicht voll einsetzend, sprang er von einer Nummerntaste zu anderen, bis er die richtige Folge eingegeben hatte. Seine Tochter meldete sich sofort.

Ohne einmal Atem zu holen, redete er auf sie ein, schilderte sein Missgeschick und bat sie, doch gleich zu ihm zu kommen. „Hallo", rief sie mit Stentorstimme, „wer ist dort? So melden Sie sich doch. Warum antworten Sie nicht?" Klick, sie hatte aufgelegt. Er wiederholte den Tanz auf der Tastatur. Sie reagierte nun mit einem leicht gereizten „Hallo", um gleich darauf die Verbindung zu trennen. Sie hatte ihn nicht gehört. Niemand würde ihn mehr verstehen. Seine kräftige Stimme war zu unvernehmlichem Wispern verkümmert. Er blieb abgeschnitten von jeder Kommunikation. Was würde es auch nützen, wenn ihn zufällig jemand besuchen würde, der zu seinem Hause den Schlüssel besaß: die Kinder, seine Gefährtin, ein guter Freund? Wer von ihnen würde begreifen, dass er das mausgroße schrumpelige Wesen dort auf dem Tisch war?

Seine Organe hatten offenbar unter der Schrumpfung nicht gelitten; denn gebieterisch fordernd meldeten sich Durst und Hunger. Da es ihm unmöglich war, die Kühlschranktür zu öffnen, las er gierig einige Krümel auf, die vom Brotschrank zu Boden gefallen waren, und schlang die einzig erreichbare, steinharte Nahrung unzerkaut hinunter. Die Tür zum Badezimmer stand offen, sodass er seinen brennenden Durst mit den Wassertropfen löschen konnte, die sich vom Duschen am Vorabend noch auf den Fliesen befanden. Seine Notdurft verrichtete er in einer Ecke des Raumes; niemand würde an den mikroskopischen Verunreinigungen Anstoß nehmen.

Vergeblich suchte er nach einer Möglichkeit, den bösen Bann zu brechen. Aus eigener Kraft würde er sich nicht befreien können. Wenn überhaupt Hilfe möglich wäre, könnte sie nur von außen kommen. Wie müsste er es anstellen, dass er bemerkt und erkannt würde? Als er mit dem Mut der Verzweiflung die gigantischen Stufen der Kellertreppe hinuntergesprungen war, entdeckte er unter der nach draußen führenden Tür einen winzigen Spalt, der ihm früher nie aufgefallen war. Mit Mühe zwängte er sich hindurch und atmete Sekunden später die erfrischende Luft des herbstlichen Tages. Die Sonne stand bereits im Zenith, als er – an den rauhen Vormauersteinen nach Bergsteigerart hochkletternd – den Kelleraufgang überwunden hatte und in den Garten vorgedrungen war. Um sich besseren Überblick zu verschaffen, erklomm er eine Konifere, die er im Frühjahr gepflanzt hatte.

Auf der Dorfstraße gingen Passanten vorüber, seine Kollegen fuhren mit Landmaschinen vorbei und verursachten einen Höllenlärm. Selbst das Rufen der nebenan spielenden Kinder marterte seine empfindlichen Öhrchen. Eben kam der Postbote. Sein Schritt erschütterte den Boden. Als er den Deckel des Briefkastens zufallen ließ, kam das einem Kanonenschuss gleich. Wenn ihm doch eine Möglichkeit einfiele, Kontakt zu den Menschen aufzunehmen, von denen es, wie ihm erst jetzt bewusst wurde, in diesem kleinen Nest geradezu wimmelte. Nachbarn gingen an ihm vorbei, die er früher gar nicht beachtet hatte, und die er jetzt gern angesprochen hätte, gäbe es dazu nur einen Weg.
Eine Katze streunte durchs Gebüsch. Sie sah ihn mit Glutaugen an und streckte schon spielerisch eine Pfote

nach ihm aus, als sie, durch Hundegebell aufgescheucht, eilends davonsprang. Gleich darauf erschreckte ihn Vogelgezeter. Die Amseln wunderten sich über den Winzling im Baum und hätten gern einmal nach ihm gehackt, wenn sie sicher gewesen wären, dass er sich nicht wehren würde. Ihm fiel plötzlich ein, dass seine Tochter, die ihn regelmäßig besuchte, immer zuerst einen Blick auf ihren Schreibtisch aus der Schülerzeit warf, wenn sie das Haus betreten hatte. Denn dort pflegte er ihre Post abzulegen, die zum Teil noch an ihre alte Adresse gerichtet war. Auf ihrem Schreibtisch musste er sie erwarten. Eine Gipfelstürmeraufgabe lag vor ihm!

Nachdem er unter der Kellertür hindurch wieder ins Haus gelangt war, benutzte er die schlecht geklebte Randleiste der Treppe als Klettergerüst, an der er sich, Hand über Hand greifend, nach oben kämpfte. Völlig erschöpft erreichte er den Flur und verlor für kurze Weile das Bewusstsein.
Als er wieder zu sich kam, zog bereits die Dämmerung herauf. Wie drohende Giganten erschienen ihm die vertrauten Möbel, die den Weg zum abgelegenen Zimmer der Tochter säumten. Das Mädchen hatte oft darüber geklagt, dass die Tür zu ihrem Refugium so schlecht schlösse. Nun war er seiner Trägheit dankbar, die ihn an der Reparatur gehindert hatte. Ohne sich bücken zu müssen, quetschte er sich durch den Schlitz zwischen Türblatt und Rahmen. Einem Hochhaus vergleichbar, thronte das Möbel aus gebeiztem Kiefernholz mitten im Raum. Es musste einen Weg auf die Tischplatte geben,

wie es für den erfahrenen Bergsteiger immer Möglichkeiten gab, selbst die abweisendsten Gipfel zu erobern. Mittlerweile war es dunkel geworden. Seine an die Nacht gewöhnten Augen sahen, dass ein leichter Windstrom durch das geöffnete Fenster die bis auf den Fußboden herabhängende Gardine erfasste und gegen den Schreibtisch drückte. Das grobe Gewebe der Stores lieferte ihm eine Strickleiter, auf der er mühsam hochkraxelte. Als er die Höhe der Tischplatte erreichte, flaute der Wind ab. Über Stunden harrte er, immer wieder einer Ohnmacht nahe, in der Hoffnung aus, dass ein geringer Luftzug seine Leiter bewegen und ihm den Satz auf das ersehnte Hochplateau ermöglichen würde. Allmählich schwanden ihm die Kräfte. Über ihm funkelten die Sterne, die an einem gnadenlosen Himmel nach ehernen Gesetzen wanderten. Als Morgenröte die Häuser gegenüber wie Riesenschemen aus dem Dunkel schälte, erwachte der Wind wieder. Die Gardine bauschte sich, und ihm gelang der vermeintlich rettende Sprung. Den Kopf auf einem Radiergummi gebettet, schlief er erschöpft ein.
Als er erwachte, war hellichter Tag. Jedes Zeitgefühl war ihm abhanden gekommen. Konnte er noch mit einer glücklichen Fügung rechnen, blieb ihm ein Funken Hoffnung? Wer immer ihn fand – würde er ihn erkennen?
Doch die geringste Chance zur Rettung wurde zunichte, weil er es nicht ertragen würde, von den ihm am nächsten Stehenden in dieser erbärmlichen Gestalt vorgefunden zu werden. Er würde sich lebend niemandem so elend zeigen können. Am besten machte er dem Leben des

elenden Gnoms, in den ihn ein böser Fluch verwandelt haben musste, sofort ein Ende. Mit beherztem Anlauf stürzte er sich von der Tischkante. Er glaubte, von der Höhe eines Sendeturms zu fallen und – glitt sanft zu Boden. Das spezifische Gewicht seines Körpers hatte sich so verringert, dass er nur noch wenig schwerer war als Luft.

Zur Selbstvernichtung entschlossen, unterzog er sich erneut den Strapazen, die ihm vorher das Verlassen des Hauses ermöglichten. Als er den Kelleraufgang erklommen hatte, riss ihn ein eisiger Nordsturm von den Beinen und trug ihn weit in den Garten hinein. Offenbar war das Wetter umgeschlagen. Die Pfützen auf den Wegen waren gefroren, und allmählich begann ein Schneetreiben, das ihm Atem und Richtungssinn nahm. Eben noch zum Untergang bereit, wurde er nun von Todesangst getrieben, den Rückweg in die Geborgenheit des Hauses zu suchen. Doch wohin er sich auch wandte, nirgends stieß er auf vertraute Wege oder erreichte schützende Mauern. Das Gehen wurde ihm schwer. Erschöpft rastete er einen Augenblick und wurde bald von den immer dichter fallenden Flocken zugedeckt. Seine letzten Kräfte raffte er zusammen und kämpfte mit Berserkerwut gegen Schneewände und Kältestarre an. Da erklang hinter ihm eine heitere Weise, auf leise zirpenden Instrumenten mit der Schwerelosigkeit eines Mozarts gespielt. Er sah sich um: Gleißendes Licht hüllte ihn ein; alle Bedrückung war fort. Er schien zu wachsen, unaufhaltsam ins Unendliche. Beglückt erfuhr er, wie er eins wurde mit dem Kosmos.

Verschiedenste Mutmaßungen wurden über sein Verschwinden angestellt. Ein Freund glaubte an Selbstmord, denn sein schwerblütiges Wesen hatte sich vor Vertrauten nicht verbergen lassen. Die langjährige Geliebte, die unter seiner geistigen Zerrissenheit gelitten hatte, konnte sich ebenfalls nicht vorstellen, dass er noch lebte. Seine Tochter hingegen hoffte, er wäre geflohen, um irgendwo ein ihm gemäßes Leben neu zu beginnen. Der nachdenkliche Sohn erinnerte sich, welches Grauen der Vater beim Anblick kleiner Menschen gehabt hatte; auch erzählte der Alte ihm einmal von einem Traum, in dem Verzwergung eine schreckliche Rolle spielte. Seine Ratlosigkeit hinter Ironie verbergend, orakelte er, man müsse den Verschollenen wohl in Liliput suchen.

Im Frühling fand ein auf dem benachbarten Feld ackernder Landwirt eine tote Kreatur, die er zunächst für eine Ratte oder einen kleinen Hamster hielt. Bei näherem Hinsehen erkannte er bestürzt, dass er einen Menschen im Miniaturformat zu Tage gefördert hatte. Als er das Monstrum in seine Zigarilloschachtel tun wollte, um es im Dorf zu zeigen, zerfiel es zu Staub. Sein Bericht über die makabere Entdeckung erregte im Dorfkrug Gelächter und Kopfschütteln.

Die Uhr

Der Jubilar nahm heiter die Gratulationen vermeintlicher und wahrer Freunde entgegen. Der Tag gab Anlass zu Dankbarkeit und Genugtuung, wie auch zu Bedauern, Trauer und Scham. Sechs Jahrzehnte seines Lebens lagen hinter ihm. Doch wollte er den Tag nicht zu einem kritischen Rückblick nutzen, wie er ihn sonst in selbstquälerischer Weise hielt, sondern hatte schon vor längerer Zeit entschieden, er werde sich heute mit animalischem Behagen und ohne tiefere Gedanken seines Daseins erfreuen.

Wie gut, dass trotz schwindender Leser das Verlagswesen so produktiv war, da brauchten die Gäste nur ins Füllhorn der Neuerscheinungen hineinzugreifen, um für den als belesen Geltenden ein passendes Geschenk aufzutreiben. Bald stapelten sich die in glänzende Einbände gefassten und auf feinstem Papier gedruckten literarischen Ergüsse auf dem Gabentisch. Zum Schluss überreichte ihm Binswanger, der als etwas verschroben angesehene alte Freund des Hauses, eine unförmige Taschenuhr mit 24-Stunden-Zifferblatt, die an einer groben, silbernen Kette hing. Das monströse Ding schien aus der Zeit Peter Henleins zu stammen. Es würde wohl in keine Anzugtasche passen und war eher etwas für Sammler von Absurditäten. Außerdem schien ihr

Laufwerk defekt zu sein, denn obwohl der festliche Empfang um 12 Uhr begonnen hatte, zeigte die Uhr erst wenige Minuten nach Mitternacht an.

Der Beschenkte vergaß die Gabe schnell und gab sich ganz der Euphorie der Feier hin, diesem eigenartigen Klima, das für ein paar Stunden aus Konkurrenten, Neidern, Intriganten gutwillige Kameraden und edelmütige Freunde macht. Nachdem gute Getränke reichlich geflossen waren, die Urteilsfähigkeit der Teilnehmer dabei entsprechend gelitten hatte, schlugen die Wellen brüderlicher Gefühle erst richtig hoch. Man unterhielt sich glänzend. Mancher entdeckte an sich einen Humor wieder, der ihm im Alltag verloren gegangen war. In einem dieser seligen Augenblicke verabschiedete sich leise Freund Binswanger, wandte sich – schon im Mantel – noch einmal um und sagte mit gutmütigem Spott: „Sie zählt nur die wahre Lebenszeit."

Am anderen Morgen erwachte der Sechziger mit schwerem Kopf und versuchte, sich an den Verlauf des gestrigen Abends zu erinnern. Die ominöse Uhr fiel ihm ein, und er kramte sie unter der Fülle der Geschenke hervor. Sie zeigte 0 Uhr und 14 Minuten. Die Worte Binswangers beim Abschied fielen ihm ein, und plötzlich war er hellwach. Nur vierzehn Minuten hatte er gelebt, seitdem der Freund ihm das seltsame Ding gegeben hatte. Alle die frohen Stunden mit dem Austausch von Komplimenten, von Alltagsanekdoten und Klatschereien, wobei das Ausschmückungstalent mancher Erzähler noch den dürftigsten Tatsachen ihre schillernde Seite abgewann, waren keine Lebenszeit gewesen. Wie furchtbar! Doch musste er die Uhr denn ernst nehmen? Sie war nach Binswangers Kriterien für Leben eingestellt, und der war ihm schon immer vorgestrig und verquer vorgekommen.

Er bemühte sich in den nächsten Tagen, die vermaledeite Uhr zu vergesen. Doch wenn er nach einem bewegten Arbeitstag zur Ruhe kam, zog sie ihn mit magischer Kraft an. Es drängte ihn zu wissen, wie lange er wirklich gelebt hatte. Wenn 24 Stunden vorüber waren, sprang der eigenartige Zeitmesser auf 0 Uhr zurück. Wollte er also eine Tagesbilanz vermeiden, brauchte er die Uhr erst nach Mitternacht anzusehen. Doch wäre er sich dann feige vorgekommen. Einmal berührte er einen Knopf, der eine Klappe auf der Rückseite aufschnappen ließ. Hier sah er ein Zählwerk, das offenbar die Summe seiner Lebenszeit auswies, die seit der Geburtstagsfeier vergangen war. Er erkannte mit Grauen, dass die Uhr, seitdem sie ihm gehörte, erst wenige Stunden registriert hatte. Obschon er den Maßstab, nach dem die Uhr arbeitete, nicht anerkennen mochte, gewöhnte er sich daran, sie jetzt ständig bei sich zu führen. Er wusste, dass sie nicht eine Winzigkeit gerückt war, wenn er vor der Zähigkeit eines Pfennigfuchsers kapituliert oder einen wirtschaftlich Schwächeren übervorteilt hatte. Aber er konnte sicher sein, dass sie die Zeit zuverlässig zählte, wenn er auf einer Wanderung die leuchtenden Heckenrosen, das Rauschen der Buchenblätter im Frühlingswind oder den Amselsang in der Fichtenschonung wahrnahm.

Abends saß er zuweilen stumpfsinnig vor dem Fernsehgerät. Von einem Sender sprang er auf den anderen und fluchte über das öde Programm. Doch suchte er im Grunde nichts anderes als solche Art der Unterhaltung. Dann rührte sich die Uhr um keinen Millimeter. Doch als er der Monotie dessen, was wir mit hohem Anspruch Feierabend nennen, entkam, indem er einen Gedichtband von Heinrich Heine herausgriff, sich schnell festlas und hingerissen vom Esprit des ironischen Spätromantikers zu später Stunde fröhlich sein Lager aufsuchte, da war die Uhr inzwischen sekundengenau gegangen. Nach einem wüst durchzechten Abend sank er betäubt ins Bett. Natürlich stand die Uhr. Einmal erwachte er nach einem wunderbaren Traum von Liebe und menschlicher Nähe am Morgen heiter und gelöst. Seine Uhr hatte getreulich die Nachtstunden gezählt.

Zunächst hatte er die Uhr wie einen besserwisserischen Zuchtmeister verabscheut. Doch allmählich gewöhnte er sich an ihre sonderbare Art, die Zeit nicht zu messen, sondern zu wägen. Schließlich war sie ihm ein unentbehrlicher Begleiter auf allen seinen Wegen geworden. Früher hatte er unter der Sterilität unerfüllter Stunden gelitten und verachtete sich der schlimmen Langeweile wegen, die ihn zuzeiten aus Geistesträgheit ergriff. Jetzt mahnte ihn der verharrende Zeiger seiner Uhr, die ihm zum verstehenden, aber strengen Freund geworden war, den zersetzenden Kräften der Zeit zu widerstehen. Aber kann uns ein Ding ein Freund sein? Der Tüftler Binswanger hatte ihm die Lebenshilfe, die von der Uhr ausging, geleistet. Der Sonderling hatte ihn gelehrt, seine Zeit nicht zu vertun.

Henny

Irgendwann im ersten Jahrzehnt dieses Jahrhunderts schlenderte ein hübsches Mädchen mit verdrossener Miene durch die Straßen Bremerhavens. Es verging kaum ein Tag, an dem Henny nicht mit ihrer Schwester, bei der sie zu Gast war, wegen Bagatellen in Streit geriet. Der Haushalt des kinderlosen Ehepaares vertrug nach Meinung der Hausfrau keine Unregelmäßigkeiten. Emma, die Frau eines Offiziers der Handelsmarine, unterwarf sich mangels anderer Interessen strikt einem ausgeklügelten Arbeitsplan, um das kleine Haus am Rande der Stadt in blitzsauberem Zustand zu halten. Da ihr zur See fahrender Gatte selten daheim war, und sie zu Nachbarn keinen Zugang fand, füllten Kochen, Putzen und Nähen ihr Bewusstsein so aus, dass sie die weite Welt, in der ihr Mann umhersegelte, gar nicht wahrnahm.

Obwohl auf dem Lande aufgewachsen und ihrem Dorfe sehr verhaftet, schätzte Henny modischen Tand und träumte davon, auf den belebten Boulevards der nahegelegenen Großstadt mit welterfahrenen jungen Männern zu flanieren und in vornehme Cafés eingeladen zu werden. Hausarbeit sah sie als vermeidbare Fron an.

Freiwillig hätte sie ihre engherzige Schwester nie besucht, wie auch Emma nicht darauf verfallen wäre, das

Enfant terrible unter den sechs Schwestern einzuladen. Ihr Vater, der als Patriarch über der Familie thronte, hatte den Aufenthalt seiner jüngsten Tochter in der Hafenstadt befohlen. Zu Emmas Leidwesen handelte es sich dabei nicht um eine Stippvisite; mindestens ein halbes Jahr lang würde sie ihre kapriziöse Schwester zu ertragen haben, denn die war im dritten Monat schwanger und sollte das Kind hier zur Welt bringen.

Bis auf die Jüngste waren alle Geschwister verheiratet, und einige zogen bereits wieder Kinder auf. Henny – eine herbe Schönheit – hatte sich bisher nicht entschließen können, einem ihrer Verehrer das Jawort zu geben; doch tändelte sie gern mit manchem Milchbart herum und ließ sich zu Tanzvergnügen mitnehmen. Eines Tages war sie – wie man in jedem anderen Falle gesagt hätte – guter Hoffnung. Niemand in der Familie genoss die Gelegenheit, empört zu sein; die Schwestern und ihre ehrenwerten Männer waren eher verblüfft und völlig hilflos. Es galt, den drohenden Skandal zu verhindern. Vater Wöhlke, seit langem verwitwet, beriet sich zunächst mit seiner ältesten Tochter, die wegen ihrer Lebensklugheit bei ihm angesehen war, und handelte dann entschlossen. Da nicht befürchtet werden musste, dass sich Nachrichten von Bremerhaven bis in ein kleines Nest südlich von Hannover verbreiteten, wurde Henny in die Obhut ihrer Schwester gegeben, um dort, wie man umschreibend sagte, niederzukommen. Der meistens abwesende Seemann hatte nichts dagegen, und Emma war gar nicht erst gefragt worden.

Zunächst war eine zufriedenstellende Regelung getroffen. Wie sollte es aber weitergehen? Emma hatte schon entschieden dagegen protestiert, dass ihr das zu erwartende Kind untergeschoben wurde.

Henny konnte nicht für immer Schwester und Schwager zur Last fallen; eines Tages würde sie in die Heimat zurückkehren müssen, und alles wurde offenbar. Es musste eine Art der Darstellung gefunden werden, die den Fauxpas in milderem Lichte erscheinen ließ. Schließlich erklärte sich einer der Schwäger bereit, als der Vater des unglücklichen Wurms zu gelten. Es bleibt für Außenstehende unerfindlich, weshalb die Wöhlke-Sippe glaubte, Verführung innerhalb des Clans sei ein geringerer Makel als Sex mit irgendwem. Die Familie würde zu gegebener Zeit das entsprechende Gerücht ausstreuen und abwarten, wie die Öffentlichkeit darauf reagierte. Seltsam war, dass bei allen vertraulichen Gesprächen untereinander nicht einmal die Frage nach dem wirklichen Vater gestellt wurde.

Enge Verbundenheit unter Geschwistern hält meist so lange, bis jeder seinen eigenen Hausstand gründet. Junge Eheleute haben ihre eigenen Sorgen und Nöte und verlieren Schwester und Bruder darüber aus den Augen. Man trifft sich allenfalls bei Familienfesten, wo sich trotz der Flut von Worten stets zeigt, dass jeder in seinem eigenen Lebenskreis gefangen ist und keine Brücke zu den Vertrauten aus Kindertagen mehr findet. Wer kennt diese Entwicklung nicht?

Ganz anders war es bei den Wöhlkes. Heinrich Wöhlke, zweiter Sohn der Familie, hatte sich zum Lehrer ausbilden lassen. Als eine Infektionskrankheit den älteren Bruder dahinraffte, wurde Heinrich Erbe des größten Hofes im Dorf, verließ das Katheder und mauserte sich zu einem tüchtigen Landwirt, der den Betrieb durch Zupacht verdoppelte. Der gebildete Mann genoss großes Ansehen in der Umgebung und lenkte als Bürgermeister über Jahrzehnte souverän die Geschicke des Ortes. Seinen sechs Töchtern brachte er an Allgemeinbildung nahe, was ihnen die Schule schuldig geblieben war, und erzog sie mit harter Hand zu Menschen von christlicher Demut, wie er sie verstand. In allen wichtigen Dingen des Alltags behielt er sich die letzte Entscheidung vor und ließ seine Autorität auch von den erwachsenen Kindern nicht in Frage stellen. Man könnte den Alten mit einem amerikanischen Industriemagnaten unserer Tage vergleichen, der seine Sippe unnachgiebig zusammenhält, um Macht zu erhalten oder zu potenzieren. Die verheirateten Mädchen fühlten sich ihm weiterhin zu Gehorsam verpflichtet. Mochten die Aufgaben in ihren Familien sie auch selbstständig und entscheidungsfähig gemacht haben, dem Vater begegneten sie schüchtern und beinahe unterwürfig wie in ihrer Jugend. Neben Wöhlkes überragender Gestalt wirkten die Schwiegersöhne, die er den Mädchen meistens selbst ausgewählt hatte, blass und unbedeutend – bis auf Rönnecke, der ihm zu widersprechen wagte, und darum kurzerhand ausgegrenzt wurde. Doch Rönnecke war ein selbstbewusster, humorvoller Mensch und litt zum Ärger des Alten überhaupt nicht darunter, dass er nun nicht mehr dazu gehörte.

Die älteste Tochter verband eine große Liebe mit dem Volksschullehrer des Ortes. Beide schmiedeten schon Pläne für ihre Heirat, als der Vater rücksichtslos eingriff und Luise zur Ehe mit einem Bauern aus dem Nachbardorf zwang, der ihm reputierlicher erschien. Die junge Frau verwand diese Enttäuschung nie; ihr Lebensmut schwand, und sie starb nach wenigen Jahren erlittener Ehediktatur an Tuberkulose. Die Schwestern nahmen ihrem Vater das selbstherrliche Gebaren sehr übel, wagten aber nicht, ihn offen zu kritisieren.

Als strenger Patriarch zeigte Wöhlke sich nicht allen seinen Abkömmlingen. Die jüngste Tochter war sein besonderer Liebling. Während ihre Schwestern schon in frühester Kindheit in der Furcht des Herrn erzogen und zu harter Arbeit angehalten wurden, lebte sie fröhlich in den Tag hinein und trieb einen persönlichen Luxus, der die weibliche Dorfjugend vor Neid erblassen ließ. Der damaligen prüden Sitte entsprechend – Queen Viktoria war erst wenige Jahre tot – gingen die jungen Frauen in langwallenden und hochgeschlossenen Gewändern mit gedeckten Farben einher. Sie aber trug farbenfrohe, die Figur betonende, stark dekolletierte Kleider und begegnete Männern mit einer Koketterie, die damals noch schockierte. Wohlgefällig ruhten die Augen des Alten auf seiner gutgewachsenen Jüngsten, die mit skurrilen Einfällen und Neckereien Abwechslung in den Alltag brachte. Ihr quirliges und dabei anschmiegsames Wesen wärmte ihm das Herz. Als die älteren Geschwister nach und nach heirateten und aus dem Hause gingen, wäre er ohne sie recht einsam gewesen, zumal er wenig Kontakte zu den Dorfbewohnern pflegte. Die stumpfsinnigen Prahler in den Kneipen verachtete er, und die Nachdenklichen wurden von dem autoritären Dorfhäuptling gemieden, weil er sich nicht gern bewusst machen wollte, dass sie ihn eines Tages kaltstellen könnten.

Wöhlke nahm gegen seine Prinzipien kritiklos hin, dass Henny nicht wie ihre älteren Schwestern vom ersten Hahnenschrei bis zum Sonnenuntergang schuftete. Eigentlich tat sie nur, was ihr Spaß machte. Es fiel nicht weiter auf, dass sie nur einen schwachen Beitrag zur Arbeit in Haus und Hof leistete, denn es gab genug dienstbare Wesen, die dort geduldig fortfuhren, wo sie aus einer Laune heraus einfach aufgehört hatte. Auch dass sie den für alle auf dem Hof Tätige obligaten Gottesdienst schwänzte, wo es nur möglich war, übersah der Gestrenge nachsichtig. Denn Pastor Nolte war als Prediger allzu umständlich und langatmig. Abends las Henny mit ihrer warmen, anheimelnden Stimme dem Vater, dessen Sehkraft nachgelassen hatte, Erzählungen des von ihm verehrten Gottfried Keller oder Ausschnitte aus der Tagespresse vor. Nach altem Brauch hielt der Alte Abendandachten gemeinsam mit seinem Gesinde. Er legte dann das Wort Gottes mit einer Beredsamkeit aus, die jedem Theologen Ehre gemacht hätte. Zufrieden lebte er mit seiner sorglosen, heiteren Hausgenossin und vergaß völlig, der Aufblühenden einen Mann auszusuchen.

An einem gewitterschwülen Junitag mühten sich alle Knechte und Mägde des Hofes, die reiche Heuernte zu bergen. Wöhlke hatte eine Kuhherde mit hoher Milchleistung aufgebaut, auf die er stolz war. Für die Gesunderhaltung des Viehs war kräuterreiches, nicht verregnetes Wiesenheu notwendig. Um dem drohenden Gewitter zuvorzukommen, legten der Alte und Henny mit Hand an. Er reichte mit einer Gabel das geschwadete Heu seiner Tochter zu, die es auf dem schnell wachsenden Fuder stapelte und festtrat. Unter Blitzen und harten Donnerschlägen rollten die Heuwagen zum Hof; als die Fuhrwerke unter Dach gebracht waren, fielen die ersten dicken Tropfen. Sie hatten es noch rechtzeitig geschafft! Juchzend ließ sich Henny vom Wagen in die Arme des sie auffangenden Vaters rutschen. Ihre Röcke hatten sich dabei verschoben und ließen reizende Knie und wohlgeformte Waden sichtbar werden. Des Alten Blick war festgebannt; seine Sinne überlief es siedendheiß. Einen Augenblick lang hielt er die heftig Atmende in seinen Armen; dann löste er den Griff, wandte sich abrupt um und gab seinen Leuten Anweisungen für die Stallarbeiten. Doch der Anblick der schlanken Frau, die mit hochgeschürztem Rock und lockendem Jungmädchenduft auf ihn herabglitt, ihn mit feuchten, aufgeworfenen Lippen strahlend anblickte und dann ausgelassen lachend im strömenden Regen zum Haus rannte, ließ ihn nicht mehr los. Nacht für Nacht wälzte er sich ruhelos auf seinem Lager. Unaufhaltsam wuchs das teuflische Begehren in ihm. Vergeblich suchte er sich mit Gedanken an die Wirtschaft oder an Gemeindeangelegenheiten abzulenken. Zur Verwunderung seiner Knechte arbeitete der Alte, der ihnen über Jahre nur Befehle erteilt hatte, hart an ihrer Seite und gönnte sich erst Ruhe, wenn längst die Sterne funkelten. Jeden Abend, jeden Morgen rang der sonst so unerschütterliche Mann mit seinem Gott und bat ihn unter heißen Tränen, die blutschänderische Brunst von ihm zu nehmen. Doch der Himmel blieb stumm. Wenn er seine Tochter nur ansah, begann sein Herz zu rasen, und sobald die Arglose ihn bei den Verrichtungen im Hause zufällig berührte, durchfuhr es ihn wie ein elektrischer Schlag. Die verbotene Gier fraß sich tiefer und tiefer in sein Gemüt. Er kämpfte verbissen; doch in seinen dunkelsten Stunden ahnte er, dass er unterliegen würde.

Harun al Raschid

Solange das Berufsleben seine ganze Kraft beanspruchte, verlor Bärwald den anderen aus dem Blick. Wenn er in Flautezeiten wieder Atem schöpfen und sich mit wachen Sinnen umschauen konnte, beherrschte ihn die von Jugendtagen an bewusste, stets wieder unterdrückte Forderung an den nach Gerechtigkeit Strebenden: „Was ihr einem getan habt von diesen meinen geringsten Brüdern, das habt ihr mir getan." Dem Sünder ähnlich, der einst seiner schwarzen Seele wegen den Ablasszettel erwarb, kaufte er sich durch Spenden an die verschiedensten humanitären Organisationen die Rechtfertigung: Ich ignoriere nicht die Not meiner Mitmenschen, sondern lasse mich von meinem sozialen Gewissen bestimmen.

Als der Bosnien-Krieg begann, überlegte er, ob er nach einer Kurzausbildung als Sanitäter oder Krankenpfleger auf den Balkan gehen sollte. Dazu könnte er solche Zeiten des Jahres nutzen, wenn das Unternehmen auch ohne ihn gut lief. Aber da war neben dem vom mitfühlenden Bruder geforderten Engagement die Trägheit des widerstrebend im Wohlleben Erstarrten und das Beharrungsvermögen des Sesshaften.
Den Belästigungen durch altruistische Moral entkam so mancher, indem er sich auf besserwisserische Selbstgerechtigkeit zurückzog, wie sie an deutschen Stamm-

tischen ihre Tradition hatte. Es machte guten Eindruck auf Nachbarn und Freunde, wenn sich gut Informierte über die Verblendung der Kriegsparteien auf dem Balkan empörten oder in tiefe Betrübnis über die Unfähigkeit von UNO und NATO verfielen. Selber rührten diese Menschen keinen Finger. Bärwald verachtete solche Dickfelligkeit.

Der vom Schicksal Verwöhnte erlegte sich jeweils zum Jahresende eine originelle Art von praktischer Nächstenliebe auf. Mit gütigen Augen und mildem Herzen ging Bärwald durch die Bereiche der Großstadt, wo die Heruntergekommenen und Gescheiterten, die Suchtkranken und Willensschwachen zu finden waren. Weil er wusste, wieviele Menschen in den hochentwickelten Industrienationen unverschuldet in Armut und Obdachlosigkeit gerieten, suchte er das Gespräch mit den im Schatten der Gesellschaft Vergessenen, nahm dabei geduldig hin, dass er angepöbelt oder bespuckt wurde, und ein ganz Verdrossener gar seinen Hund auf ihn hetzte. Ziel dieser seltsamen Streifzüge war, aus der grauen Masse der Hoffnungslosen den einen herauszufischen, der noch nicht so aussichtslos unten war, dass er sich nicht wieder hätte eingliedern lassen in die ehrenwerte Gemeinschaft der Erfolgsbestimmten. War ein solcher Mensch ausgemacht, lud er ihn gewöhnlich zum Essen ein. Hatte er den Kandidaten erst einmal abgeschleppt, suchte er munter plaudernd die Biographie seines Opfers zumindest fragmentarisch ans Licht zu ziehen. Wo waren die Ursachen des Niedergangs, und wie konnte er dem armen Kerl einen Weg aus der Gosse nicht nur zeigen, sondern auch bahnen? Bevor seine später viel bewitzelte Mission bekannt wurde, dachten die meisten von denen, die sich auf ihn einließen, schon während des Mahls bedrückt an die Scherereien, die sie mit den Tonangebenden unter ihren Kumpeln wegen dieser Extravaganzen bekommen würden, und waren entsprechend verschlossen.

Wenn einer der Aufgelesenen sich aber öffnete, im günstigsten Fall sein Vorleben unbefangen ausbreitete, war sein Gönner überglücklich. Er bot dann ein kleines Monatssalär unter der Bedingung an, dass der Geförderte ihm in regelmäßigen Abständen nachwies, wie und wo er sich um Arbeit bemühte. Schon die gute Absicht zu arbeiten zählte; die meisten Penner wollten sich totlachen über den vertrottelten Spender, der sich mit simpelsten Tricks hinters Licht führen ließ. Nachdem er so über Jahre versucht hatte, Gestrandete zu retten, war Bärwald in den einschlägigen Kreisen bekannt und wurde auf Bahnhöfen, in überdachten Einkaufszonen oder im Stadtpark meist mit großem Hallo empfangen. Sein Auftritt war zum Höhepunkt erheiternder Unterhaltung aller Stadtstreicher geworden. Zwar bemühte er sich, die Delinquenten nach strengsten Kriterien auszuwählen und hielt sich für unbestechlich. Gleichwohl versuchten die Gewitzten unter den Wermutbrüdern, ihn zu manipulieren. Schauspielerisch begabte Penner bereiteten sich schon wochenlang vorher auf die Begegnung mit ihrem potentiellen Wohltäter vor. Wie man sich auf einen spannenden Film oder eine mitreißende Komödie freut, erwarteten alle in der Szene ab Anfang Dezember sehnlich sein Kommen. Wetten wurden darüber abgeschlossen, wen er wohl diesmal zu seinem Tafelgenossen erheben, und wie lange er sich – geduldig zahlend – von dem, der das Los gezogen hatte, Aufstiegswillen vormimen lassen würde.

An einem nasskalten Dezembermorgen stand Kalle vor der Schaufensterfront einer renommierten Buchhandlung und pries den *Asphalt* an, ein schlichtes Boulevardblatt, das die evangelische Stadtmission herausgab, um auf die Not der durchs soziale Netz Gefallenen aufmerksam zu machen und dem Einzelnen einen kleinen Verdienst als Verkäufer zu verschaffen. Zwar war es einträglicher, als Lahmer, Blinder oder Obdachloser den Sammelhut vor Kaufhäusern aufzustellen, doch Kalle schätzte sehr den Kontakt zu vorbeieilenden Passanten. Ein mit Hundeblick am Boden Hockender wurde nicht angesprochen. Es war für viele eher ein peinlicher Augenblick, wenn sie sich dazu hinreißen ließen, ein paar Münzen gnädig in den speckigen Filz fallenzulassen. Dagegen unterhielt man sich mit dem Zeitungsverkäufer, der mit flapsigen Sprüchen für sein Blättchen zu werben verstand, gern und erkundigte sich nach seiner schlimmen Jugend oder seiner jetzigen Befindlichkeit im Dreck. Hier konnte Kalle sein melodramatisches Talent ganz ausleben. Eine erbärmliche Kindheit erstand vor den Augen des ergriffenen Zuhörers: Von der Mutter verlassen, dem Vater nie begegnet, blieb ihm nur der Weg von Heim zu Heim. Die kaltherzige Erziehung durch sadistische Sozialarbeiter hatte ihn gedemütigt und verschüchtert. Ohne Selbstgefühl und oftmals Hunger leidend, kam der Underdog auch in der autoritär ausgerichteten Vorstadtschule auf keinen grünen Zweig. Die ihn schurigelnden Pauker waren zu vernagelt, um die Begabung zu erkennen, die in ihm schlummerte. Als er aus der sechsten Klasse entlassen wurde, konnte sich der heimatlose Junge nur als Hilfsarbeiter durchschlagen. Er fand jeweils nur kurzfristige Beschäftigung zu kargem Lohn. Eine Wohnung hatte sich der Ausgegrenzte nie leisten können. Wenn er Glück hatte, nahm ihn für wenige Wochen ein Schulkamerad auf; meistens nächtigte er in zugigen, im Rohbaustadium stehenden Häusern, die er bei Fortschritt des Baus wieder verlassen musste.

In Wahrheit stammte der Bummler aus *gutbürgerlicher Familie* und hätte eine ganz andere Geschichte erzählen können. Bei seinen abenteuerlichen Berichten ging es ihm gar nicht darum, ein Extrabakschisch zu kassieren; er genoss es, seine Phantasie ins Kraut schießen zu lassen und war vom eigenen Redestrom berauscht. Dass er als hoffnungslos Arbeitsscheuer von seinen enttäuschten Eltern, die ihn lange geduldig beherbergt hatten, eines Tages schweren Herzens hinausgeworfen worden war, wusste niemand in der Szene.

Kalle hatte Bärwald von weitem erkannt. Ein Ruck durchfuhr ihn. Die Krönung seiner bisherigen Stadtstreicherlaufbahn wäre es, wenn ihn der von den meisten in der Szene unflätig verhöhnte, von einigen aber hochverehrte Spinner zu Tisch bitten würde. Die drei Sterne des besuchten Lokals konnte er sich hernach an die Brust heften. Mit Hängeschultern und in Maßen verkommen sollte er dastehen; mit einem winzigen Schimmer von Initiative und Kraft, die Zukunft doch noch zu meistern. Bärwald kam schlendernd näher. „Hintergründe, die Ihnen die großen Zeitungen vorenthalten, finden Sie in unserem Journal", brüllte Kalle, „bei uns werden die heißen Eisen angepackt. Ohne *Asphalt* gelesen zu haben, wissen Sie eigentlich nichts!" Bärwalds träumerische Augen strahlten Güte aus; Kalle blickte ihn – wie lange eingeübt – demütig und dabei fest an. Hatte er den rechten Ton getroffen, die Balance gefunden zwischen Stumpfsinn und Aufgewecktheit? „Geben Sie mir bitte ein Exemplar", sagte der Menschenfreund, „wie lange betreiben Sie das Geschäft schon?" Nun zog Kalle alle Register. Wie schnell auch Gutwillige in dieser Gesellschaft scheitern könnten, erhellte er, und dass es unmöglich sei, ohne fremde Hilfe aus dem zähklebenden Sumpf herauszufinden, in den die Schattenkinder, sich gegenseitig fesselnd, meist auf immer gebannt seien. Mit bewegenden Worten malte er die bösen Zwänge in der Szene aus, wo wenige Platzhirsche die Mehrzahl der Penner streng überwachten und böse schikanierten. Als Bärwald nach seinem Taschentuch suchte, wusste der Schaumschläger, dass er gewonnen hatte.

Der Türsteher vor dem „La bonne Auberge" zog indigniert die Augenbrauen hoch, als das seltsame Paar Einlass begehrte. Doch sobald er Bärwald erkannte, öffnete er devot die glitzernde Glastür zum Foyer des

Schlemmerrestaurants. Da war also wieder wie jede Weihnachten der unbelehrbare Philanthrop mit einem dieser Penner, die bereits einen Sport daraus machten, ihn auszunehmen. Es gab gerade unter den Gebildeten mehr Dummheit als im einfachen Volk.

Kalle überlegte derweil fieberhaft, welches Menü er ordern würde, um als Gourmet in die Geschichte der Stadtpenner einzugehen. Wichtig war auch die Auswahl der Weine; was trank man zu Wild, Fisch, Rind, Schwein? Er beschloss, seiner Intuition zu vertrauen, die ihn selten im Stich ließ. Doch wozu der dumme Ehrgeiz? Im Grunde hatte er nichts zu verlieren, falls er sich in den Genussritualen der großen Welt vergriff. Vielleicht würde er leichter Bärwalds Sympathie gewinnen, wenn er sich linkisch und unerfahren gab. Im Obergeschoss der Nobelherberge wurde ihnen ein Platz angewiesen, der so weit abseits lag, dass honorige Gäste nicht Anstoß nehmen konnten.

Die beiden ungleichen Gäste hatten, hier und da zufrieden grunzend, sonst aber schweigsam in stiller Übereinstimmung, exquisiteste Speisen genossen. Als das Dessert gereicht wurde, räusperte sich Bärwald und begann seinen Heilungsversuch: „Was gedenken Sie in der nächsten Zeit zu tun?", fragte er, verständnisinnig sein zerlumptes Gegenüber anblickend, „wäre es möglich, dass Sie ernsthaft ihre miserable Situation zu bessern gedächten?" Kalle sah seine große Stunde gekommen. Er erklärte, wie sehr es ihn stets zu blühenden Pflanzen hingezogen habe. Die schönste Zeit seines Lebens habe er als Helfer in einer Friedhofsgärtnerei verbringen dürfen. Wenn die geflochtenen Kränze auch mehr an tragische Seiten des Daseins gemahnten, habe er seine schöpferischen Gaben doch selten so entfalten können wie dort. Dürfte er in einem Blumenladen arbeiten oder später gar selbst einen führen, wäre das der Gipfel dessen, was er sich vom Leben erträumte.

Bärwald war beeindruckt und überlegte. Ein Skatbruder von ihm besaß ein kleines Blumenlädchen am Stadtrand und spielte schon lange mit dem Gedanken, sich zur Ruhe zu setzen. Die Kinder waren an dem Geschäft nicht interessiert. Er wäre froh, wenn er seine treue Kundschaft nicht enttäuschen müsste, und ein tüchtiger Nachfolger seine Arbeit fortsetzen würde.

Doch vor den Erfolg hatten die Götter den Schweiß gesetzt. Was behagte dem Protegierten mehr: eine Gärtner- oder Floristenlehre? Bärwald würde seine guten Beziehungen zur grünen Branche nutzen. Kalle, der sich inzwischen eine Havanna angezündet hatte, erwachte jäh aus seinen Träumen. Hatte er richtig gehört: eine langweilige Lehre wurde dem Freiheitstrunkenen zugemutet? Bisher hatte er sich erfolgreich jeglicher Art Ochsentour zu entziehen verstanden. So groß die Chance war, diesen Narren um namhafte Beträge zu erleichtern, soweit durfte es nicht gehen, dass er von ihm in die Pflicht genommen wurde. Was würde Bullterrier-Ede dazu sagen, den er von allen in der Szene am meisten

verehrte? Es galt, ohne großen Wirbel von dem bekloppten Pfeffersack loszukommen und dann nichts wie weg.
Bärwald bemerkte nichts von dem Schock, den seine Vorschläge beim Schützling auslösten. Er war ganz sicher, dass er innerhalb einer Woche für ihn einen Ausbildungsplatz besorgt haben würde. Man einigte sich auf ein Treffen vor der Buchhandlung, wo Kalle in der nächsten Woche einen größeren Unterstützungsbetrag empfangen und die Anschrift seines Ausbildungsbetriebs, vielleicht auch schon den Antrittstermin erfahren würde.

Bullterrier-Ede überredete den Verschreckten, zum Schein auf die Vermittlungsbemühungen Bärwalds einzugehen. Erstens sei es doch eine rechte Gaudi, und zweitens könnte man die Goldquelle vielleicht noch eine Weile anzapfen, ohne ins Joch gespannt zu werden. Bärwald war nach jeder Erfahrung mit dem Milieu ein wenig vorsichtiger und misstrauischer geworden. Es lag eine besondere Verlockung darin, ihn trotz Argwohns zu überlisten. So hielt Kalle seine Verabredung ein.

Es ließ sich zunächst ganz gut an. Kalles Pünktlichkeit und seine treuherzige Miene veranlassten den Beschützer, tief in die Tasche zu greifen; für eine Weile hatte der Faulpelz nun ausgesorgt. Es ergab sich, dass ein Bekannter Bärwalds draußen in einem kleinen Dorf den hoffnungsvollen Jüngling auszubilden bereit war. Kalles Gönner war so freundlich, ihn zum Abschluss des Ausbildungsvertrages mit seinem BMW hinzufahren. Sie kamen durch eine ländliche Gegend, die den Großstädter ziemlich anödete; hier würde er es nicht lange aushalten. Als sie im Kirchdorf an einem prunkenden Bungalow vorüberfuhren, bemerkte Bärwald beiläufig, dass er hier zu Hause sei.

Der Gärtner ließ sich vom Charme des beredten Bewerbers gefangennehmen und hätte ihn sofort eingestellt. Kalle enttäuschte jedoch Bärwald sehr. Anstatt die gebotene Gelegenheit zur Fortbildung beherzt zu ergreifen, ließ er den zur Unterschrift vorbereiteten Vertrag in seiner schmuddeligen Jacke verschwinden. Er müsse ihn erst einmal sorgfältig lesen, erklärte er, und würde sich gelegentlich wieder melden. Sehr befremdet war sein künftiger Ausbilder, als Kalle sich an einem Rundgang durch den Betrieb nicht interessiert zeigte. Vermittler und Schützling wurden daraufhin recht kühl verabschiedet.

Finster brütend fuhr der Genarrte seinen Klienten in die Stadt zurück. Aber ein Mann, der es durch Stetigkeit im Leben zu etwas gebracht hatte, würde so schnell nicht aufgeben. Sanften Druck ausübend, vereinbarte er mit Kalle ein weiteres Treffen. Die Stiefkinder der Gesellschaft mussten wohl oder übel zu ihrem Heil gezwungen werden.

Kalle berichtete in der Szene, was ihm Schlimmes widerfahren war. Als er das üppige Anwesen schilderte, das Bärwald sein eigen nannte, hatte Ede die befreiende Eingebung. „Versuche Dich bei ihm einzumieten", schlug er vor, „dann bist Du ihn los. Diese großkotzigen Spendierer haben es nicht gern, wenn man ihnen auf die Pelle rückt." Kalle strahlte; Ede war doch der Größte.

Bei der nächsten Begegnung mit Bärwald bekundete Kalle, dass er sich schon auf seine Ausbildung freue. Der Vertrag würde eben von seinem Kumpel, der zuweilen bei einem Gebäudereiniger arbeite, dabei in der juristischen Fakultät das Parkett pflegen müsse und sich nebenher an so mancher Vorlesung gebildet habe, eingehend geprüft. Nein, Bärwald brauche sich diesmal nicht zu bemühen; er führe ganz gewiss in den nächsten Tagen mit dem Bus zur Gärtnerei hinaus.

Aber ein anderes Anliegen möchte er gern vorbringen. Von jung auf habe er es mit den Bronchien zu tun. Bei dem jetzt herrschenden, rauhen Wetter gehe es ihm besonders schlecht; jeden Abend habe er Fieber und schlafe in dem halbfertigen Rohbau, der gerade sein Zuhause sei, und in den es tüchtig hineinregne, unter Zähneklappern ein. Es sei ein Wunder, dass er noch nicht bettlägerig geworden wäre. Außerdem könnte er sich die tägliche Busfahrt zur Arbeitsstelle bei seinen zunächst geringen Bezügen nicht leisten. Da habe er gedacht, dass Bärwald für ihn gewiss ein kleines Zimmerchen habe; es könnte auch ein Gelass im Keller sein. Der Wohltäter müsse doch alles Interesse daran haben, dass sein Schützling den Gärtner nicht enttäusche, indem er gleich zu Beginn der Ausbildung krank werde. Von Bärwalds großzügiger

Unterstützung wolle er sich ein Fahrrad kaufen, mit dem er die Gärtnerei dann leicht erreichen könnte.

Stille; dem schwergewichtigen Mann traten Schweißperlen auf die Stirn. Dieser Penner wollte sein Hausgenosse werden? Erst jetzt fiel ihm auf, wie penetrant der schmutzige Junge roch; Krankheiten würde er ihm einschleppen; lärmende Kumpane würde er zu sich einladen; grauenhafte Orgien würden das Haus in seinen Grundfesten erschüttern. Ihm sträubten sich die Haare bei der Vorstellung, dass das edle Mobiliar ramponiert werden und kostbare Vasen zu Bruch gehen könnten, von hässlichen Flecken auf Teppichen und an damastbespannten Wänden ganz zu schweigen. Jeden Abend würde dieser Schwätzer sich ihm aufdrängen, unzählige Gefälligkeiten erst erbitten, später als selbstverständlich ansehen, es regelmäßig darauf anlegen, zum Essen eingeladen zu werden, womöglich auch in seinen Weinkeller eindringen. Sein Seelenfrieden wäre dahin.

Was würde seine Frau dazu sagen, wenn er diesen zweifelhaften Protegé in ihrem schönen Hause unterbrachte, das sie, unterstützt von einer zweimal in der Woche helfenden Aufwartung, auf Hochglanz hielt? Es verging selten ein Jahr, in dem nicht Maler, Fußbodenleger, Tischler, Installateure oder Dekorateure bei ihnen reichlich zu tun hatten. Kein in Zeitschriften wie „Exklusives Bauen" oder „Das mondäne Haus" aufgezeigter Trend modernen Wohnens ging spurlos an ihnen vorüber. Seine Frau war immer auf der Höhe der Zeit. Ihre

Freunde beneideten sie um ihr gediegen ausgestattetes Heim. Das sollte auch so bleiben. Er würde sich von einem verkommenen Stadtstreicher sein Haus nicht ruinieren und das erbauliche Privatleben an der Seite einer kunstsinnigen Frau nicht kaputtmachen lassen.

In ruppigem Ton, den Kalle seinem Förderer nicht zugetraut hätte, verbat er sich das Ansinnen. Er habe einen anstrengenden Beruf und sei der Erholung innerhalb seiner vier Wände dringend bedürftig. Durch einen Mitbewohner würde er in seinem eigenen Hause stark eingeschränkt. Kalle möge sich solche abwegigen Gedanken aus dem Kopf schlagen. Er wolle ihn zwar weiterhin fördern, wenn er die Ausbildung denn endlich begänne, auch über einen Extrabetrag für die Busmonatskarte ließe sich reden. Das sei aber alles, was er für ihn tun könne.

Scheinbar bedrückt und mutlos, aber nicht ohne einen neuen Übergabetermin für in Aussicht stehende Pekunia verabredet zu haben, verließ Kalle seinen väterlichen Freund. Kaum war der Alte außer Hörweite, da brach der Schmarotzer in unbändiges Gelächter aus. Er hatte seinen Retter ganz schön in Verlegenheit gebracht. Auf Edes Nase war Verlass: Auf die Bude durfte man diesen Weltverbesserern nicht rücken. Aber in einem hatte Ede sich glücklicherweise getäuscht: Los war er seinen Gönner darum noch nicht. Mit List und Phantasie würde er ihm noch ein oder zweimal Kohle abzocken können. Er musste ihm für kurze Zeit vorgaukeln, dass er mit der

Ausbildung begonnen habe. Aber wie? Vielleicht wusste Ede Rat.

Niedergeschlagen fuhr Bärwald heim. Er schämte sich furchtbar. Den Armseligen dieser Welt hatte er nur seiner Gemütsruhe wegen geholfen. Kannte er überhaupt wahre Brüderlichkeit? Immer wenn ihm ein Hilfsbedürftiger zu nahe gekommen war, hatte er sich brüsk abgewandt. Ein unbarmherziger Egoist war er. „Gib alles, was Du besitzest, den Armen und folge mir nach." Die rigorose Forderung ging über seine Kraft.

Harun al Raschid geht unters Volk; milde öffnet er sein Ohr den Klagen der Untertanen und weist seinen Kämmerer an, den Darbenden großzügig zu helfen. Ein rührendes Bild! Das Volk geht zu Harun al Raschid in den funkelnden Palast, um teilzuhaben an seinem märchenhaften Wohlleben – unerträglicher Gedanke.

Isoldes Liebestod

Nachdenklich blickte der Kommissar seinem Freund ins friedvolle Antlitz. Ein Lächeln schien um die Lippen zu spielen. Wären nicht die wächserne Blässe und der Einschusskanal in der Schläfe gewesen, man hätte glauben können, der lässig im Bürostuhl Lehnende mache gerade ein Nickerchen. Die Waffe, mit der er sich die tödliche Verletzung beigebracht haben mochte, war zu Boden gefallen.
Da die Spurensicherer keine fremden Fingerabdrücke auf der Pistole und anderen Gegenständen im Raum fanden, alle Türen und Fenster verschlossen waren, auch keine sonstigen Anzeichen auf einen Raub hindeuteten, könnten die Akten hierüber alsbald geschlossen werden. Da hatten sie ein Schulbeispiel für Selbstmord.

Doch wie kam ein lebensfroher Sanguiniker, der in christlichen Wertvorstellungen verwurzelt war und zudem keine materiellen Sorgen kannte, dazu, sich so mir nichts dir nichts umzubringen?

Vorgestern noch hatten sie in fröhlicher Runde Skat gedroschen. Unzählige Biere waren die Kehlen hinabgeronnen, und König hatte unter dem Gelächter der Zuhörer aus der Zeit, da er noch als Strafverteidiger arbeitete, eine Anekdote nach der anderen zum Besten

gegeben. Nachdem der angesehene Jurist vor zwei Jahren in den Ruhestand gegangen war, schien er erst richtig loszulegen. Intensiv kümmerte er sich um das Musikleben der Stadt; er saß dem Kuratorium zur Pflege der Oper vor und nahm sich der Förderung des Musikernachwuchses an.
Im besten Mannesalter war der Vater von drei jetzt längst erwachsenen Kindern Witwer geworden; später hatte er sich gern mit interessanten Frauen umgeben, ohne je wieder eine feste Bindung einzugehen. Bei seiner robusten Gesundheit hätte dem umtriebigen Optimisten jeder, der ihn näher kannte, ein hohes Lebensalter vorausgesagt. Und jetzt dieses Ende.

Als der Fall von Amts wegen lange abgeschlossen war, bereitete er dem Kriminalisten immer noch schlaflose Nächte. Er hatte in nichtamtlicher Eigenschaft die wenigen Nachbarn zu Gewohnheiten Königs befragt und die Aufwartefrau über Gäste des Hauses ausgequetscht. Doch erfuhr er nichts, was er nicht wegen seines langjährigen Umgangs mit dem Freunde schon wusste.

König pflegte Kontakte zu seinen Nachkommen, die nicht am Ort lebten, lud gelegentlich einen alten Freund und früheren Kommilitonen zu sich ein oder war bei ihm zu Gast und leistete sich im Jahr einen die körperliche Kondition stärkenden wie den Drang nach Ungebundenheit befriedigenden Wanderurlaub. Zum Höhepunkt des Jahres wurde dem Kenner, wenn er – ein kritischer und gleichwohl dankbarer Gast – die Opernfestspiele, heuer in Salzburg, im nächsten Jahr vielleicht in Verona oder Bayreuth, in der anregenden Gesellschaft wechselnder Favoritinnen genoss. Keine der Damen hatte sich je über ihn beklagt. Wenn der Sinnenrausch verebbt war, verstand der einfühlsame Mensch, zu den ehmals Begehrten freundschaftliche Beziehungen wachzuhalten. Der liberale Mann blieb seinen Kindern von Sandkastenspielen an bis zum Ende der Schulzeit zugewandt, und hat auch den sich vom Elternhaus Lösenden stets aufmerksam sein Ohr geliehen und ihre Sorgen mitgetragen. Die ihm aus den Musen erwachsende Lebensfreude wirkte ansteckend. Er verabscheute vorgespielte Lebenslust, wie sie uns in der verfälschenden Werbewelt begegnet und von Angepassten gern kopiert wird. Doch wärmte er seinen Freunden durch Heiterkeit das Herz, die ein Leuchten von innen her war. Um so unbegreiflicher war es für jene, die sich ihm nahe wähnten, dass sein Seelenklima innerhalb kürzester Frist völlig umschlagen konnte.

Handelte es sich hier wirklich um Selbstmord? Hatten die in der Tagesroutine abgestumpften Fachleute etwa Wesentliches übersehen?

Eines Abends traf der Kommissar seinen ehemaligen Kollegen Volup beim Dämmerschoppen, der wegen einer Affäre im Rotlichtmilieu, die nie ganz aufgeklärt wurde, den Polizeidienst quittiert hatte und seitdem als Versicherungsdetektiv arbeitete. Der ruhelose Agent berichtete, er observiere eben eine junge Frau, die in den Genuss einer Lebensversicherung gekommen sei. Besagte Versicherung habe ein vor kurzem verstorbener

Anwalt zwar vor über zwanzig Jahren abgeschlossen, in deren Police sei aber erst vor Kurzem die Studentin als Begünstigte eingetragen worden. Da keine verwandtschaftlichen Bande zu dem älteren Herrn bestünden, sollten die Gründe für diese merkwürdige Verfügung erhellt werden. Immerhin handele es sich um eine halbe Million Deutscher Mark; da wären die leitenden Biedermänner seiner Firma dankbar für jeden Coup, die Auszahlung zu vermeiden. – Der Kommissar horchte auf.

Kathrin hatte an keinem Seminar in der Musikhochschule mehr teilgenommen, seit sie erfuhr, dass Werner König nicht mehr lebte. Tagelang starrte sie wie gelähmt in den wolkenverhangenen Himmel, ohne auch nur einen klaren Gedanken fassen zu können. Sie war nicht imstande auszugehen, um das Notwendigste einzukaufen. Hin und wieder klopfte die besorgte Zimmerwirtin zaghaft an die Tür, um sich nach ihrem Befinden zu erkundigen. Doch wie sollte die Verlassene je wieder ein Wort herausbringen? Auch Wochen nach der schlimmen Kunde schien in ihr alles Fühlen abgestorben.

Seit frühester Jugend wurde sie von Depressionen gequält, hatte sich aber stets wieder aus den tückischen Todesschlingen befreien können. Diesmal schien sie ein dichter Schleier zersetzender Visionen für immer in sich bergen zu wollen.
Gern war sie dem Rat der an der Orgel Beachtliches leistenden Mutter gefolgt, ihre Stimme ausbilden zu

lassen, hoffte sie doch, mit Hilfe der Musik die Finsternis in sich überwinden zu können. Schon der Schülerin brachte die Beschäftigung mit den Werken Mozarts ein Gefühl von Freiheit, wie es die leicht Knechtbare sonst nie erfuhr. Zu wahrem Labsal wurde der ihrem Selbsthass immer wieder mit Mühe Entronnenen, dass sie sich an der Hochschule dem Schaffen des Meisters göttlicher Schwerelosigkeit für eine Weile ausschließlich widmen durfte.

In jenen Tagen lernte sie Werner König kennen, der sich um die Förderung solcher Bildungsbereiche, für die Staat und Kommune keine Mittel hatten, mit viel Geld und noch mehr guten Worten verdient machte. Der Grandseigneur setzte sich, ohne dass sie widerstehen konnte, in ihren Träumen fest. Nie hätte sie zu zeigen gewagt, wie erfüllt sie von ihm war, wenn er sie nicht eines Tages mit bescheidener Artigkeit, die bei einem solchen Manne überraschte, zum Essen eingeladen hätte. Wie konnte einer so welterfahren und zugleich so jungenhaft liebenswürdig sein? Sie errötete, verhaspelte sich im Satz. Bei aller Verlegenheit entglitt ihr auch noch der Notenstapel, den sie gerade unter dem Arm trug. Wenn es einmal auf Nonchalance ankam, wurde sie stets von einer krampfigen Befangenheit geknebelt. Sie hätte sich ohrfeigen können! Doch geduldig las er mit ihr die zerstreuten Blätter auf und deutete das Gestotter richtig: Sie hatte angenommen.

Jener Abend in einem kleinen, italienischen Restaurant am träge dahinziehenden Strom, der der Stadt ihren

Charakter gab, verwandelte ihr Leben. Alle Sprödigkeit fiel von ihr ab, und sie öffnete sich in einer Weise, wie sie es bisher auch gegenüber vertrautesten Menschen nie vermocht hatte. Der alternde Kavalier meinte, mit ihr über Reisen, Sport und Mode parlieren zu sollen. Es war nicht leicht zu ergründen, was junge Mädchen so interessierte. Doch bald erkannte er, dass es nur ein einziges großes Anliegen für sie gab, neben dem alle sonstigen Lebensbereiche verblassten: die Musik.

Er spürte, dass sie ihn mochte und schaute wohlgefällig in dieses ausdrucksvolle, von Ernst und Disziplin geprägte Gesicht. Doch welche Augen waren das! Sein Blick versank in einem irritierenden Grüngrau, und er vergaß vorübergehend, wo er war und was er sich von der Annäherung an diese reizende Studentin versprochen hatte. Sie war nicht eines der vatergeprägten, vom Erfahrenen so leicht durch das Widerspiel eines bewegten Geistes zu blendenden Mädchen, wie er sie zuweilen gern an seiner Seite hatte. Sie war viel älter als er. Der Glanz dieser Augen zeugte von den Flügen einer reichen Phantasie. Doch unvermutet glitt ein Schatten über die Iris; die eben noch munter Plaudernde schien nach innen zu blicken. Von Selbstzweifeln und Leiden an den Widersprüchen dieser Welt kündeten die toten Augen, und dem Alten schien, sie wäre weit fort und habe ihn allein gelassen. Wenn sie von Harmonie und Kontrapunkt sprach, offenbarte sich ihm Polyhymnia in ihrer ganzen Schönheit. Mit der um Klarheit Ringenden war kein Smalltalk möglich; welches Thema er auch anschnitt, mit großer Anspannung nahm sie den Faden auf, suchte nach Lösungen. Er dachte nicht mehr daran, wie er zunächst gehofft hatte, sie zu verführen. Sie schien ihm unberührbar, als wäre sie eine Heilige.

Bald trafen sie sich regelmäßig – meistens in seinem behaglichen Hause aus der Gründerzeit, das abseits der lauten Hauptverkehrsstraßen am Rande der City lag und von ausladenden, uralten Bäumen des Stadtwaldes umsäumt wurde. Hier geschah es eines Abends, dass sie die Initiative ergriff. Der abgeklärte Mann erlebte verwirrt und beglückt, dass sie ihn umwarb. Er hatte sie wie eine anhängliche Tochter um sich haben wollen. Nun schlug ihn auch ihr sinnlicher Reiz in den Bann. Sie genoss die Spiele der Liebe glutvoll und zugleich mit einem Anflug von Wehmut, als wären sie der Abgesang des Lebens. Er vergaß, was er als Jünger des Eros je erfahren hatte. Nie zuvor hatte er so geliebt.

Zugleich schien sich ihre Melancholie auf ihn zu übertragen. Wenn der Tag sich neigte, erwartete er mit unruhigem Herzen ihr Erscheinen. Doch bei jedem Gedanken an sie legte sich auf sein fröhliches Gemüt ein drückender Schatten. Schließlich sehnte er ihre Nähe genauso wie die eigenartige Betrübnis herbei, die ihn in ihrer Gegenwart erfüllte. Umgekehrt schien es ihr zu ergehen. Das strenge Mädchen blühte auf; die dunklen Wolken um ihre Stirn verzogen sich. Ihre sonst häufig umflorten Augen schauten ihn heiter und manchmal sogar schelmisch an.

Angestrengt versuchte er, mit ihrer hochgemuten Stimmung Schritt zu halten; trotzdem war ihm, als flösse alle Lebenskraft aus ihm heraus zu ihr hin. Obwohl sie ihn mit meist von der Musik inspirierten Einfällen doch sehr anregte, ermüdete er schnell und musste sich überwinden, wenn er sein Haus verlassen wollte, um an Veranstaltungen teilzunehmen, bei denen der Kulturfunktionär nicht fehlen durfte. Sie zeigte sich dagegen geselliger als früher, war unternehmungslustig, zuweilen ausgelassen.

Er war ihr so verfallen, dass er die Beziehungen zu Menschen, die früher bei abendlichen Begegnungen sein Leben bereichert hatten, ganz aufgab. Rätselvoll blieb, warum er sich mit ihr nicht gern in der Öffentlichkeit zeigte. Wahrscheinlich fürchtete der weißhaarige Liebhaber, sie zu kompromittieren. Die ins dramatische Fach wachsende Sängerin wurde von ihm mit zunehmender Verehrung begleitet; schließlich stand sie gleichsam auf dem höchsten Sockel im Pantheon. Ihre Zukunft malte sich dem Alten in den prunkvollsten Farben. Wenn sie sich überhaupt je binden sollte, wäre ihr ein strahlender jugendlicher Held als Weggenosse zu wünschen, dachte er bei sich. Von alten Knackern wie ihm hätte sie sich von vornherein besser ferngehalten.

Nur im Hochschulbereich verkehrte er ganz unbefangen mit ihr, saß manche Stunde im Studio, wo sie ihren silbernen Sopran an Wagnerarien versuchte. Dann versank die Welt um ihn, aber oft lähmte Abschiedstrauer das Hoch-

gefühl, mit dem er ihrer Stimme lauschte. Obgleich er doch so glücklich war mit seiner anziehenden Geliebten, dachte der vitale Mann jetzt oft an den Tod. Nie hatte ihm Wagners Musik so viel zu sagen gehabt wie jetzt; einer Droge gleich sog er unendlich fortlaufende oder sich mit geringen Abweichungen wiederholende Klangfolgen aus dem „Tristan" oder dem „Parsifal" ein in sein von Herbstesdämmern zunehmend umschattetes Gemüt.
Einmal war es König gelungen, den medienverwöhnten Bariton, der sich als einfühlsamer Interpret der Lieder Schuberts große Verdienste erworben hatte, für ein Benefizkonzert zu gewinnen. Zu Stars hatte der alte Genießer ein ambivalentes Verhältnis. Er verehrte sie wegen ihrer mit viel Fleiß zu höchster Vollendung gebrachten Gabe zwar, doch bei einigen stieß ihn der überzogene Geschäftssinn ab.

Als dann der große Sänger das Lied an den Abendstern mit langsam dunkler werdendem Timbre in der Stimme vortrug, als verlösche ein Licht allmählich, verließ der Mäzen zur großen Verwunderung der Stadtprominenz den Saal vorzeitig. Einer Untergangsstimmung, die ihn jäh überflutete, konnte er sich nicht erwehren, und der einst so Gesellige lechzte nach Einsamkeit.

Zwei Seelen schienen in seiner Brust miteinander zu ringen. Sein Bewusstsein hatte sich gespalten, und er konnte nicht mehr unterscheiden: war er dieser oder jener? Kollegen und Freunde bemerkten nichts von der

Veränderung, die mit ihm vorging. Im Gegenteil gab er sich bei Tageslicht frohgemut und noch tatendurstiger als früher. Mit großer Energie nahm er seine kulturpolitischen Aufgaben wahr und kämpfte beharrlich gegen die Unbeweglichkeit der städtischen Bürokratie. Vor allem aber machte er den Musikstudenten Mut, die angesichts schrumpfenden Kulturetats geringe Zukunftschancen für sich sahen. Wo immer er auftauchte, verbreitete sich unter den Verzagten Zuversicht, und selbst tief Bekümmerte konnten sich seinem Charme nicht entziehen und schöpften neue Hoffnung.

Die eigentümliche Gespaltenheit seines Wesens verfestigte sich mehr und mehr. Längst hatte er ergeben akzeptiert, dass sich sein Sinn verdüsterte, sobald die Sonne sank. In elegischer Stimmung erwartete er die Geliebte, die zumeist mit ihm von der Elektronik exzellent wiedergegebenen Wagnerklängen lauschte und zur Nacht mit großer Sinnenfreude sein Lager teilte. In diesen Stunden fühlte er schmerzlich, wie nahe die Lust der Verschmelzung und die Qual der Trennung beieinander lagen. Eros und Thanatos waren Brüder. Einmal – noch in der Ekstase sich der gnadenlos verrinnenden Zeit bewusst – stammelte er: „Lass uns miteinander sterben!" Vor Wochen noch hätte sie ihn verstanden; jetzt sah sie ihn befremdet an.
Eines Tages eröffnete er ihr mit ungewohnter Schroffheit, dass er es nicht mehr verantworten könne, sie so an sich zu binden. Vier Jahrzehnte sei er älter als sie. Durch sein egoistisches Anklammern hindere er sie daran, dem

Manne zu begegnen, der ihr ein ebenbürtiger Gefährte sein könne für die besten Jahre des Lebens, die noch vor ihr lägen.

Unversehens erwachte sie aus dem Wahn, diese weltentrückten Tage mit dem Geliebten würden sich unendlich aneinanderreihen, und beteuerte unter Schwüren und Tränen, wie glücklich sie mit ihm sei, und dass sie ihn niemals verlassen würde. Vergeblich. Sein Entschluss war lange bedacht und unumstößlich.

Von nun an war er nie mehr für sie zu sprechen. Ausgefallenste Tricks versuchte sie, um ihm zu begegnen. Alle vergessene Schwermut senkte sich mit geballter Kraft auf ihr Gemüt.

Nachdem der Kommissar ermittelt hatte, wer seinen auf so rätselhafte Weise umgekommenen Freund zuletzt begleitete, ließ er sich noch einmal den Schlüssel zu dem verlassenen Hause geben.

Hatte die junge Freundin bemerkt, wie König den Nachen für die Fahrt über den Styx rüstete, hatte sie gar mitgeholfen? Er betrat den größten Raum des Hauses, der dem Anwalt zugleich als Arbeits- und Musikzimmer gedient hatte. An diesem Flügel – einem alten Familienerbstück – hatte er den Freund häufig angetroffen. Beethovens Sonaten liebte König sehr und litt darunter, dass er nur ein schwacher Pianist war.

Einer spontanen Eingebung folgend, schaltete der Eindringling die mit hochempfindlichen Lautsprechern ausgestattete Stereoanlage ein. „Isoldes Liebestod" erklang in so überirdischer Wiedergabe, dass der Kommissar lange wie in Trance verharrte. Das Gerät war auf die Wiederholung dieses einen Titels programmiert, sodass die große Arie immer neu aus sich herauszuwachsen schien. Dem einsamen Zuhörer wurde warm ums Herz, und zugleich erfasste ihn bleierne Trauer:

„Heller schallend, mich umwallend, / sind es Wellen sanfter Lüfte, sind es Wogen wonniger Düfte? / Wie sie schwellen, mich umrauschen.
Soll ich atmen, soll ich lauschen? / Soll ich schlürfen, untertauchen, süß in Düften mich verhauchen? / In dem wogenden Schwall, in dem tönenden Schall, in des Weltatems wehendem All / ertrinken, versinken unbewusst – höchste Lust!"

Er verstand, dass der Freund für die letzte Reise keiner Hilfe bedurft hatte, und beschloss, nicht mehr aufsässig nachzufragen.

Boehm

„Bin mit Dr. Paul auf Arbeitssuche im Ruhrgebiet." Die Schrift blieb vertraut, wenn auch die Schreiberin so fremd geworden war. Boehm warf den Zettel, den er auf dem Küchentisch vorfand, in den Papierkorb. Sie war also gegangen. Seit Monaten hatte er sich auf ein Gespräch vorbereitet, das ihrem längst fälligen Wunsch nach Scheidung ihrer Ehe folgen würde. Nun war sie der erhofften Auseinandersetzung, die ihm eine letzte Chance geboten hätte, ausgewichen. Einen würdigeren Abgang hätte er ihr schon zugetraut. Nun gut, er würde zur Tagesordnung übergehen und sich bemühen, nicht mehr an sie zu denken.

Als Tochter eines Sägewerksbesitzers hatte Ira es in der *sozialistischen Volksdemokratie* zu Anfang nicht leicht gehabt. Mehr als die Arbeiterkinder musste sie ihre Rechtgläubigkeit demonstrieren, um in die FDJ und später in die SED aufgenommen zu werden. An der Ausbildungsstätte für Führungskader, die Boehm zur gleichen Zeit wie sie besuchte, fiel ihr eiserner Fleiß auf. In Marxismus-Leninismus wurde die Eifrige von niemandem übertroffen. Da er selber Lenins Thesen nie begriffen hatte, waren ihm ihre ideologischen Kenntnisse eher unheimlich. Sie genoss großes Ansehen; selbst die STASI-Leute schienen vergessen zu haben, dass sie von einem Bourgeois gezeugt worden war, den die Russen in der nicht hinterfragbaren Anmaßung des Siegers hingerichtet hatten. Damals studierte sie Medizin, während er sich auf die höhere Laufbahn bei der Volkspolizei vorbereitete.

„Es freut mich, jemanden hier zu treffen, dem die Alten Kämpfer in ihren hohen Zielen wie in ihren schlimmen Nöten vertraut waren", sagte sie einmal ironisch zu ihm. Auf solche unziemlichen Bemerkungen pflegte er nicht zu antworten. Sein Vater, der als militanter Kommunist in Buchenwald umgekommen war, hatte ihn gleichsam geadelt. Entsprechend unzugänglich benahm er sich gegen Genossen ohne Stammbaum.

Doch sie schien sein Verhalten gar nicht zu bemerken. Um sie war eine Aura von Freiheit. Kompetenzgerangel in Führungsgruppen und die gewohnten Gängelungen durch die Partei berührten sie gar nicht. Ihre herablassende Art, mit kleinkarierten Funktionären umzugehen, machte ihm erst die Armseligkeit seines durch die allmächtige SED bestimmten Lebens bewusst. Das Dickicht der geschriebenen und ungeschriebenen Regeln, die dem Funktionieren eines repressiven Systems dienten, durchschritt sie unangefochten wie eine Fürstin, während er wegen seines engstirnigen bürokratischen Denkens immer ein Parteisklave bleiben würde.

Die Arroganz, mit der sie vor allem Genossen behandelte, die die höheren Weihen hatten, sollte wohl ihre Verletzlichkeit verbergen. Zuweilen blitzte es schalkhaft in ihren Augen; auch beim Wiederkäuen der trockensten

Thesen des Parteikatechismus verlor sie niemals ihren Humor. Außerdem war sie eine anziehende Frau. Er mochte sie sehr.

Dennoch hielt er Distanz zu ihr. In die Partei aufgenommene Kapitalistenkinder konnten schnell in Ungnade fallen, weil sie meist verwandtschaftliche Bande zu Klassenfeinden im Westen hatten, die auch dann belasteten, wenn sie von den Ehrgeizigen längst gekappt worden waren. Er würde seine vielversprechende Polizeikarriere nicht wegen einer Verliebtheit aufs Spiel setzen.

Dem Arbeitersohn war der Stern des Sozialismus bisher hold gewesen. Während der Militärzeit waren er und ein weiterer Kollege beauftragt worden, Ulbricht bei seinen Harzwanderungen auf Skiern zu begleiten. Er hatte den alternden Diktator durch stramme sozialistische Gesinnung beeindruckt und konnte danach auf großes Wohlwollen seiner Vorgesetzten rechnen.

Nur einmal hätte seine Laufbahn beinahe einen schmerzlichen Knick bekommen. Ein Vetter, der im Bautzener Gefängnis als Bewacher Dienst tat, hatte ihn eingeladen, das Gelbe Elend aus der Nähe zu betrachten. Zwar wusste er, dass die Greuel, von denen selbst absolut sowjettreue Genossen insgeheim berichteten, vorwiegend zu der Zeit begangen wurden, als die Besatzer dort das Sagen hatten. Gleichwohl blieb er nicht unbeeindruckt von den ausgemergelten Gestalten, die auf dem Hof mit leeren Gesichtern und Augen, aus denen jede Hoffnung geschwunden war, ihre Runden drehten. Hatte er nicht

gelernt, dass sozialistischer Strafvollzug nach humanitären Grundsätzen erfolgte? Er sah Schlägertypen durch die Flure patrouillieren und hörte die meist in höhnischem Tone gebrüllten Befehle der Diensthabenden. Waren bei versuchter Republikflucht Ertappte, Parteischädlinge und sogenannte Bürgerrechtler nicht auch Menschen?
Am nächsten Morgen befahl ihn der Leiter der Polizeischule, an der er sich fortbildete, zu sich. Der Oberst rügte seinen gestrigen Ausflug scharf und erklärte ihm, dass Polizei und Strafvollzug strikt voneinander getrennte Bereiche seien. Er habe sein Amt im Sinne sozialistischer Gesetze auszuüben und müsse sich daher vom Personal der Haftanstalten fernhalten. Weil er bisher eine tadellose staatstragende Gesinnung gezeigt habe, werde von einer Degradierung abgesehen. Seitdem hatte er sich jeden Schritt im Privatleben sorgsam überlegt.

Die Parteioberen sahen gern, wenn der sozialistische Mensch sich sportlich betätigte. So würde er sich gegen die dekadenten Einflüsse des Westens abhärten. Boehm war schon als Schüler einer Leichtathletikgruppe beigetreten, der er noch die Treue hielt, als er längst Mitglied in renommierteren Sportvereinigungen hätte sein können. Zwar glänzte er nicht durch große körperliche Leistungen; dafür hatte er großes Geschick im Vorbereiten von Wanderungen, Feiern etc. und war allgemein beliebt. Hier traf er Ira wieder, die als Chirurgin in einem großen Klinikum tätig war. Ihr heiteres, den grauen Alltag ignorierendes Gebaren faszinierte ihn. Er vergaß seine Apparatschikmanieren und warb mit dem Charme um sie, den sein sprödes Wesen zuließ. Anfang der achtziger Jahre heirateten sie. Sein an Komsomolzensitten ausgerichtetes Leben änderte sich völlig.

Selten verging ein Abend, an dem nicht einige der zahlreichen Freunde Iras aus der Ärzteschaft die enge Wohnung mit dröhnendem Frohsinn erfüllten. Westlicher Beat erklang, und bei Whisky aus dem Intershop wurden flapsige Bemerkungen über Honeckers Rednergabe, Mittags wirtschaftspolitischen Durchblick und das Ausbleiben der Weltrevolution gemacht. Boehm begriff nicht, wie die Hätschelkinder der Gesellschaft dem Staat so fern sein konnten. Wo wären diese selbstgefälligen Aufsteiger mit ihren sicheren beruflichen Positionen, wenn die Partei sie nicht behütet und gefördert hätte? Es gab sehr viel Undankbarkeit im Lande.

Wenn er mit Ira darüber sprach, lachte sie und nannte ihn den letzten Getreuen an Elbe und Oder, der noch auf den Sozialismus setze. Im Übrigen kamen sie gut miteinander aus. Sie war ihm zärtlich zugetan, liebte ihn offenbar, obgleich sie in ihm wohl einen Trottel sah, der aus dem marxistischen Mief nie herausfinden würde.

Dabei hatte er längst den Glauben daran verloren, dass Honecker und sein vergreistes ZK den Weg in eine bessere Zukunft weisen könnten. Viele Genossen sahen mit Unbehagen, wie sich das Regime seiner Kritiker nicht anders zu erwehren vermochte, als sie zu hohen

Haftstrafen zu verurteilen, in psychiatrischen Kliniken zu begraben oder auszubürgern. Als Gorbatschow Generalsekretär wurde, schöpften die aufgeschlosseneren Sozialisten wieder Hoffnung, die eine Reform der staatstragenden Parteien des Ostblocks als unabdingbar ansahen. In Parteikreisen wurde gemunkelt, die ökonomische Lage der Sowjetunion sei katastrophal. Bei einem Zusammenbruch des roten Riesen würden alle COMECON-Länder in den Strudel mit hineingezogen. Gorbatschow führte marktwirtschaftliche Elemente in die Planwirtschaft ein, und viele besorgte Funktionäre der DDR hofften, dass sich ein wirtschaftlicher Kollaps des Ostblocks so vermeiden lasse. Die Kritik aus Parteikreisen am unbeweglichen Honecker wurde immer lauter. Doch auch der kleine Mann aus dem Volke äußerte trotz staatlicher Bespitzelung seine Enttäuschung über den ersten sozialistischen Staat auf deutschem Boden unverhohlener als früher.

Bald wendete sich das Blatt. Die Hoffnung auf den großen Bruder im Osten hatte getrogen; der Reformer wurde zum Konkursverwalter; das Riesenreich zerfiel. Außer den alten Männern an den Schalthebeln in Ostberlin hatte jeder begriffen, dass sich die kommunistischen Diktaturen in rasender Fahrt ihrem Untergang näherten. Der Alltag im Arbeiter- und Bauernstaat war trister als je zuvor. In Scharen liefen die Bürger über die offene ungarische Grenze davon. Beim Bezirkstreffen der SED gab es viele sorgenvolle Gesichter. Ein angesehener Genosse behauptete, Gorbatschow sei ein

amerikanischer Agent mit dem Auftrag, den Ostblock zugrunde zu richten. Nervöses Gelächter erscholl; Boehm konnte zwischen Satire und Realität nicht mehr unterscheiden.
Als die Montagsdemonstrationen begannen, war Ira nur noch selten daheim. Es hatte Boehm stets geärgert, dass seine politisch hochgebildete Frau der SED ihre Mitarbeit verweigerte, obwohl sie der Partei doch so viel verdankte. Nun schmerzte es ihn doppelt, ohnmächtig ansehen zu müssen, wie sie ihre intellektuelle Energie der reger werdenden Opposition widmete.

Abends brachte sie manchmal ihren Kollegen Dr. Paul mit, der seine Entwürfe für ein demokratisches Parlament und für eine Regierung nach Honeckers Sturz erläuterte. In dessen Vokabular kam der Sozialismus nicht mehr vor.
Gelegentlich traf Boehm einen Schulfreund, der als Offizier in der NVA Dienst tat. Mit niemanden konnte er im Lande des allgemeinen Misstrauens offener sprechen als mit Alfred, der – weil er ein überzeugter Sozialist war – an der jetzigen Führung von Partei und Staat kein gutes Haar ließ. In jenem schicksalsschweren Herbst 1989 führte Alfred ein Bataillon, das sich in der Umgebung von Leipzig neben vielen anderen Truppen als Eingreifreserve bereithielt. Von Montag zu Montag solidarisierten sich mehr Bürger mit den Demonstranten. Zunächst waren Reformen gefordert worden, doch bald wurde der Ruf nach einer anderen Republik laut. Alfred beschrieb im Kreise verlässlicher Genossen eindringlich die Gesin-

nung der Soldaten. „Niemand von uns wird auf Landsleute schießen", verkündete er. „Wenn die Armee gegen das Volk eingesetzt werden soll, werden die Befehlshaber den Gehorsam verweigern. Das ist dann das Ende der Parteiherrschaft." Boehm war fassungslos: Soldaten des Volkes würden sich weigern, eine offenbar von Kirchenkreisen geschürte konterrevolutionäre Aktion niederzuschlagen? Die DDR musste untergehen, wenn selbst ihre privilegierten Söhne sich abwandten.

Eine schwere Erkrankung führte dazu, dass Boehm im Spätherbst 1989 vorzeitig in den Ruhestand versetzt wurde. Sein Chef, der sich plötzlich als Liberaler entpuppte, verabschiedete ihn erleichtert, zumal sich Boehm bei den überall aufflackernden Demonstrationen stets für ein rigides Eingreifen der Volkspolizei eingesetzt hatte.
Düsteren Gedanken nachhängend, machte der Rekonvaleszent Spaziergänge in der herbstlichen Landschaft und versuchte, sich anhand von Leitartikeln und Rundfunkkommentaren über die desolate Lage zu orientieren. Als Krenz das Steuer in die Hand nahm, schöpfte er noch einmal Zuversicht, bis er allmählich begriff, dass die Götterdämmerung unabwendbar war.
Er sprach mit Ira über seine Resignation. Sie blickte ihn wütend an: „Siehst Du nicht die große Chance, die dieses Land durch den Zusammenbruch der Diktatur bekommen hat?", rief sie. „Du hast überhaupt nichts begriffen. Den größten Schaden hat die Partei in den Köpfen angerichtet."

Alle Vertrautheit zwischen ihnen war dahin; sie begegnete ihm jetzt mit demütigender Kälte. Es war still geworden um ihn. Neuerdings hielten sich auch die Kollegen Iras, die er für gute Sozialisten gehalten hatte, von ihm fern.
Den Winter über hielt Ira vor Bürgerforen flammende Reden für eine Erneuerung von Staat und Gesellschaft. Sie lehnte eine Reform des sozialistischen Systems ab und plädierte für einen freiheitlichen Staat mit Gewaltenteilung und befristeten Mandaten nach westlichen Vorbildern. Wenn sie zufällig einmal zu Hause war, appellierte Boehm an ihr Gewissen, sprach von politischem Anstand und Parteitreue. Sie würdigte seine beschwörenden Worte keiner Antwort und schien ihn in letzter Zeit gar nicht mehr wahrzunehmen.

Eines Tages eröffnete ihm seine Frau, dass sie zu Dr. Paul ziehen werde. Die politischen Aufgaben erforderten enge Zusammenarbeit im Komitee, das dort ständig tage. Das Hin- und Herfahren quer durch die Stadt koste sie wertvolle Arbeitszeit. Kein Wort über ihr Verhältnis zueinander; sie hatte ohne Aussprache die Bindungen zwischen ihnen zerschnitten.

Der Glanz des Wohllebens blendete die sich von ihren Fesseln befreienden Bürger. Die Regierungen Modrow und de Maizière waren nur Zwischenstationen auf dem Weg zum Anschluss der DDR an die Bundesrepublik als *neue Bundesländer*. In der allgemeinen Euphorie wurde übersehen, dass westliche Unternehmen sich nicht gerade danach drängten, im Osten zu investieren. Wohl stampften Handelsketten in kurzer Zeit Supermärkte aus dem Boden, errichteten Mineralölkonzerne eilends Benzintempel, lockten Autohändler mit günstigen Gebrauchtwagen und verhießen Reisebüros gesteigertes Lebensgefühl an fernen Gestaden; doch zur Stärkung der Produktion im Lande wurde wenig getan. Die Abwicklung maroder Staatsbetriebe bescherte ein Heer von Arbeitslosen. Weite Landstriche erholten sich trotz gewaltigen Kapitaltransfers von West nach Ost gar nicht oder nur langsam. Die vollmundigen Versprechungen des Vereinigungskanzlers erwiesen sich weithin als Seifenblasen.

Für Ira wurden die ersten freien Wahlen eine herbe Enttäuschung. Die durch ihre Zusammenarbeit mit der SED kompromittierten Blockparteien hatten sich ein neues Gewand zugelegt und zogen wegen der Unterstützung durch ihre westlichen Mentoren den größten Anteil der Stimmen auf sich, während die Bürgerrechtsbewegungen bedeutungslos blieben. Ira erhielt kein Mandat. Als die Klinik wegen zu geringer Auslastung geschlossen wurde, verloren sämtliche dort beschäftigten Ärzte ihre Arbeit.

Boehm bekam als ehemals SED-treuer Diener des versunkenen Staates eine Hungerrente von 803 DM. Er meinte, dass er sich auch nach heutigen Maßstäben im Reich Honeckers nie hätte etwas zu Schulden kommen lassen. Bei der Verfolgung von Wirtschaftsverbrechen war er vor den Managern der Staatsbetriebe nicht zurückgeschreckt und hatte manchen hochkarätigen

Funktionär der Bereicherung im Amt überführt. Das alles zählte bei der jetzigen Regierung nicht. SED-Mitglieder schienen von der Gesellschaft ausgeschlossen zu sein. Zwar berichteten ihm ehemalige Genossen, dass sie sich mit Hilfe sogenannter Seilschaften in den Ämtern wieder hochgearbeitet hätten, doch für den Anständigen war ein solcher Weg nicht gangbar.

Boehm würde zu einem Staat, der vom Großkapital beherrscht wurde, und dessen Presse verdiente Sozialisten in den Dreck zog, niemals Vertrauen gewinnen. Dass ein tüchtiger und dabei so bescheidener Genosse wie Mielke sich vor Gericht wegen eines Verbrechens, das angeblich in den zwanziger Jahren geschah und ohnehin verjährt wäre, noch in seinem hohen Alter verantworten musste, entlarvte die Rachegelüste des sogenannten Rechtsstaates. Unabhängige Justiz? Da konnte er nur lachen.
Für ihn war durch den Untergang der DDR der Kommunismus nicht diskreditiert. Kürzlich hatte Stefan Heym, der Nestor der ostdeutschen Literatur, sich in einem sehr beachteten Artikel für einen reformierten Sozialismus ausgesprochen. Boehm wusste, welche Schwierigkeiten die Partei mit dem kapriziösen Dichter gehabt hatte; vor der Wende las er nie etwas von ihm. Doch jetzt gewann der einsame Rufer in der Wüste seine volle Sympathie. Ein mit dem Schrifttum vertrauter früherer Genosse hatte ihm glaubhaft versichert, dass Heyms Werke zur Weltliteratur gezählt würden. Nein, Boehm würde der reinen Lehre nie untreu werden. Die

Thesen von Marx und Engels waren der große Halt in seinem Leben, eine größere Kraft als die Hochreligionen der Erde.

Kurz vor der Wende hatte Boehm die verfallene Villa eines Republikflüchtigen vom Staat zu einem sehr günstigen Preis erworben. Bei der Übertragung solcher Immobilien an verdiente Genossen handelte es sich eigentlich um Geschenke. Angesichts seiner Verdienste um den Staat hatte er keine Skrupel gehabt, sich auf diese Weise auszeichnen zu lassen. Um nach dem Anschluss sein Leben einigermaßen zu fristen, hatte er den alten Kasten mit handwerklichem Geschick ein wenig aufpoliert und vermietete nun Zimmer an Westtouristen. Da Mauer und Geldumtausch sie nicht mehr fernhielten, strömten sie in Massen herbei, genossen die reizvollen Landschaften Sachsens und bewunderten die opulenten Kunstschätze der Barockmetropole. Ohne zu murren, zahlten sie überhöhte Pensionspreise für dürftigen Wohnstandard.

Der konziliante Sohn Dresdens kam mit den meisten Gästen gut aus. Mancher Ignorant wollte ihm nicht glauben, dass die DDR einst der bedeutendste Industriestaat im Ostblock war, in dem es niemanden schlecht gegangen sei. Wenn er behauptete, Siemens habe bei Motorenbaubetrieben in Brandenburg arbeiten lassen, und die Haushaltsgeräte von Quelle wären in Sachsen hergestellt worden, grinsten die Wessis ungläubig. Einige verdächtigten ihn gar, im Dienst gegen die Menschenrechte verstoßen zu haben. Selten hatte ein Gast Verständnis für seine Lage; nur einmal sprach ein Einsichtiger davon, dass die durch die Wende verunsicherten Ostdeutschen ihre Identität nicht verlieren dürften.

Die hektische Betriebsamkeit in seiner Vaterstadt irritierte Boehm. Nachbarn und Freunde, mit denen er sich früher zu gemütlichem Plausch traf, waren dem Sog des Kapitalismus erlegen und hatten keine Zeit mehr. Die Bewohner dieser Straße hatten einmal eine Gemeinschaft gebildet, in der einer für den anderen eintrat. Weil alle etwa gleich viel verdienten, gab es keinen Neid. Die von der Partei beschworene Solidarität der Bürger zeigte sich zwangsläufig bei der Wartung technischer Einrichtungen. Da der devisenschwache Staat den größten Teil der Produktion exportierte, herrschte meistens Ersatzteilmangel. Wer seine defekte Waschmaschine oder den streikenden Trabi-Vergaser durch eigene Mühe nicht wieder flott kriegte, wendete sich an seinen Nachbarn. Abenteuerliche Reparaturen wurden gewagt; dem Einfallsreichtum von Tüftlern waren keine Grenzen gesetzt. Doch jetzt strebte jeder nach eigenem wirtschaftlichen Erfolg und sah in Mitbürgern Konkurrenten. Der offene Umgang miteinander wich einem Klima von Missgunst und Ungeduld. Boehm würde sich davon nicht anstecken lassen. Er hatte sich eingeigelt und lebte seinen Erinnerungen an große, glückliche Zeiten.

Selten nur dachte er noch an Ira. Er wollte sie gern verachten; doch wusste er, dass sie die schnöde Kapitalismushure nicht war, die er in seinem Zorn gern in ihr sah.

Sie war in den Westen gegangen, um in ihrem geliebten Beruf arbeiten zu können. In ihrem Kampf für das Bürgerforum hatte sie aus tiefster Überzeugung gehandelt. Dass er die Wende nicht als befreienden Umbruch begrüßt, sondern als ungerechtes Schicksal erlitten hatte, zeigte seine geistige Unbeweglichkeit. Da er die ehernen Grundsätze seines festgelegten Lebens nicht aufzugeben imstande war, konnte er ihr bei allem guten Willen nicht folgen und blieb in seinen eigenen Schatten gebannt. Insgeheim hatte er großen Respekt vor ihrer Rechtschaffenheit. Wenn sie beide vergäßen, dass sie politische Wesen wären, ob sie dann noch heute miteinander leben könnten: die Macherin und der Ausgestoßene? – Liebte er sie noch?

Am späten Abend meldete sie sich unverhofft am Telefon. Dr. Paul und sie hatten eine Gemeinschaftspraxis eröffnet. Sie war begeistert von Düsseldorf: der lockere Umgang mit dem rheinischen Menschen, der gediegene Wohlstand – traumhaft! Er schwieg. Nach einer Pause sagte sie: „Eigentlich rufe ich nur an, um deine Stimme zu hören. Und Du?" Er antwortete trocken: „Ich höre Dich nicht mehr; zu weit sind wir inzwischen voneinander entfernt."

Lob der Schweigsamkeit

Der Planet vibriert von der Wörterflut, die aus unzähligen Kehlen dringt und von verschiedensten Medien verbreitet wird. Wir bekommen wichtige Informationen und hören leeres Geschwätz, sind Gefühlen ebenso ausgesetzt wie strenger Sachlichkeit. Weit erstreckt sich die schillernde Palette verbaler Ausdrucksmöglichkeiten, die auch dem Scharfsinnigsten die klare Sicht eher vernebeln als ihm Aufklärung bieten. Selten werden tiefe Gedanken ausgedrückt, meistens aber bedrängen uns Phrasen, die die Wirklichkeit nur scheinbar widerspiegeln. Modewörter und abgenutzte Worthülsen setzen uns Wahrheitshungrigen zu und beschädigen unser Orientierungsvermögen.
Der Homo sapiens überlebt durch Anpassung. Schnell haben wir das üble Spiel der Wortberauschten durchschaut und mühelos Tonfall und Vokabular einer Gesellschaft erlernt, die sich am liebsten geräuschvoll auf offenem Markt produziert. Auch wir üben uns im Pfauenradschlagen und tragen eifrig zur Wörterinflation bei, weil wir insgeheim fürchten, dass einer, der nicht redet, gar nicht vorhanden ist.

Vergeblich suchen wir bei gelegentlicher Rückschau das Wortgetümmel zu überblicken, das im Laufe eines geschwätzigen Lebens das Gehege unserer Zähne verlassen hat. Wann haben wir je gewichtige Worte gesprochen und wie oft hat unser Wortgeklingel die Langeweile noch vermehrt, deren in einer auf Äußerlichkeiten fixierten Konsumgemeinschaft ohnehin kein Mangel ist? Ein gnädiges Geschick ließ uns vergessen, was alles über unsere leichtfertigen Lippen kam: sicher mehr Trug als Wahrheit, mehr sinnloses Gefasel als kluger Rat. Wir ahnen, wie weit unsere Zunge meistens vom Hirn entfernt war, und schämen uns des schnöden Missbrauchs einer Sprache, durch die wir erst denken gelernt haben. Freunden kommen wir sprechend nicht näher, weil unsere Rede nicht die feinen Zwischentöne trifft, und mit dem Gegner vermögen wir uns nicht zu versöhnen, da es offenbar mehr Lustgewinn bereitet, ihn mit eleganten Bonmots bloßzustellen, als mit weniger glanzvollen Worten die Verständigung zu suchen.

Jeden philosophischen oder wissenschaftlichen Tatbestand, den wir mit unserer bescheidenen Intelligenz zu erfassen vermochten, haben wir in den Grenzen unseres rhetorischen Talents schon irgendwann mehr oder weniger geschickt formuliert. Zwischenmenschliche Beziehungen haben von „ich liebe Dich" bis „geh' doch zum Teufel" aus unserem Munde lebendigen Ausdruck gefunden. Ob es um Gefühle oder um Ratio geht, alles ist im Grunde schon einmal gesagt worden. Wir haben nichts mehr hinzuzufügen, wiederholen uns nur noch. In gern geübter Nabelschau sprechen wir anderen von unserer Befindlichkeit oder unserem Verhältnis zu ihnen. Feinstes rednerisches Filigrangespinst muss geknüpft werden, wenn wir nicht missverstanden werden wollen – sinnlose Mühe, weil der Angesprochene in seinen Wörterkäfig eingeschlossen ist und sich gar nicht für uns interessiert.

Darum ist es viel besser zu schweigen. Zwar bleibt die Sprache immer Instrument unseres Denkens, wir müssen aber nicht mehr die Stimmbänder benutzen. Wer jedesmal, wenn er den Mund auftun will, gewissenhaft prüft, ob das neu und wahr und – wenn beides nicht – wenigstens geistreich ist, was er sagen will, wird allmählich schweigsamer und verstummt schließlich ganz.

Nun werden unsere Gedanken klarer, weil wir sie nicht mehr so abwandeln müssen, dass sie in die Vorstellungswelt des Nächsten passen. Da wir das Abgründige in uns nicht mehr hinter einer gefälligen Fassade aus Worten verbergen müssen, werden wir ehrlicher. Um uns nicht in Widersprüche zu verwickeln, haben wir sonst mühsam festgehalten, was wir bei welcher Gelegenheit zu welcher Sache in welchem Kreise gesagt haben. Jetzt wird unser ohnehin mit unnützem Ballast überladenes Gedächtnis frei für die wichtigen Dinge des Lebens.

Zu erheiternden, oft aber ärgerlichen Missverständnissen kommt es, wenn zwei Nachbarn mit gleichem Vokabular und ähnlichen Redensarten grundverschiedene Auffassungen von einer Sache bekunden, ohne es zu merken. Peinlich wird es, wenn einer der Gesprächspartner weiß, dass man aneinander vorbeiredet, den Verlauf der Unterhaltung aber nicht mehr umlenken kann. Über solche Unzuträglichkeiten ist der Schweigsame erhaben. Rede und Widerrede finden in der sicheren, von außen uneinsehbaren Kapsel seines Schädels statt. Von der Umgebung unbemerkt, entstehen Zwistigkeiten, werden ausgetragen und schließlich beigelegt. Dissenz mit sich drückt und selbstgenügsam gewonnene Harmonie erhebt den glücklichen Schweiger, ohne dass die Gesellschaft daran teilhat, sich einmischt und Verwirrung stiftet.

Der Sprechende wird durchschaut, gibt sich Blößen. Ein Schwätzer gar wird schnell lächerlich. Der Schweigende dagegen genießt einen Achtungsbonus schon deshalb, weil man ihn nicht erkennt. Seine Gedankenwelt beunruhigt, weil sie verborgen bleibt. Ihm wird, ohne dass er sich anstrengen muss, Fachkompetenz und hohe Intelligenz zugeschrieben. Sein Handelspartner z. B. wird durch die eherne Ruhe verunsichert, geht bald aus der Reserve und legt enerviert die Karten auf den Tisch. Mag ein Redseliger ob seiner Eloquenz viel Beifall einheimsen, der Stumme ist ihm schon deshalb überlegen, weil die Mehrzahl der Zeitgenossen Schweigen nicht erträgt und mit wichtigen Informationen herausrückt, die der Wortreiche nie bekommt.

In vorauseilender Bereitwilligkeit versuchen Gattin und Kinder, nach den vermeintlichen Gedanken und verborgenen Wünschen des Redeabstinenten zu handeln, und sind todtraurig, wenn er unzufrieden wirkt.

Ein so Geheimnisumwitterter hat hohes Ansehen, verlässliche Freunde und vermag mehr zu bewegen als ehemals der große Cicero und alle nach ihm heraufgekommenen Rhetoriker.

In Wirtschaft und Politik hat Verschwiegenheit einen hohen Stellenwert, ist aber schwer einzuhalten. Daher finden wir die wenigen Schweiger häufig in Führungspositionen. Zwar beschleicht uns bei dem einen oder anderen gelinder Zweifel an seinen Fähigkeiten. Doch wie können wir ihn prüfen, wenn er doch schweigt?

Unangreifbar, entrückt, göttergleich erscheint der Schweigsame; wir wollen ihm nacheifern.

Der Fall Adler
(aus der Sicht des Vorsitzenden Richters)

Noch eine Woche bis zur Urteilsverkündung. Ist der Geistliche des Totschlags an seiner Ehefrau schuldig?

Ich weiß es nicht und soll den Geschworenen bei der Urteilsfindung helfen. Seit mir der Fall Adler anvertraut wurde, finde ich nachts nur noch selten erholsamen Schlaf. Über zwanzig Jahre spreche ich nun Recht und war noch nie so ratlos wie heute.
Der Angeklagte hat versucht, ihm nahestehende Zeugen zum Meineid zu verleiten. Obwohl er sich ständig in Widersprüche verwickelt und eigentlich von Tag zu Tag schlechter dasteht, erhebt er mit Predigerpathos den Anspruch, integer zu sein.
Ein Mann, der aus dem Geist des Evangeliums schöpft und mit seiner Frau nach eigener Aussage in zärtlicher Gemeinschaft lebte, findet daneben in Liebesbeziehungen zu anderen Erfüllung. Wie verträgt sich das mit dem Diktum „Wer ein Weib ansieht, seiner zu begehren, der hat die Ehe gebrochen in seinem Herzen"? Doch kann überhaupt einer die rigorosen Forderungen des Nazaräers erfüllen? Sünder sind wir alle, und vergeben können sollten wir unserem Bruder sieben mal siebzigmal. Ich aber habe zu richten und erkenne den Menschen nicht, über den ich urteilen soll. Wieviel leichter scheint es uns dagegen der mehrfach vorbestrafte, brutale Raubmörder

zu machen, den wir von vornherein in einem gewissen Lichte sehen.

Vor mir sitzt ein Mann, der der Aktion Sühnezeichen hingebungsvoll als Bundesvorsitzender gedient hat, der sich schon früh für die Aussöhnung mit Osteuropa einsetzt und in dem der Familie seit den Nachkriegsjahren gehörenden Gutshause Seminare und Freizeiten veranstaltet, die junge Menschen verschiedenster Herkunft und Gesinnung zusammenführen sollen. Adlers Frau Vera, Religionspädagogin und Tochter eines angesehenen theologischen Hochschullehrers, trägt sehr dazu bei, dass besonders die Diskussionen im kleinen Kreis hohes Niveau haben. Häufig kommt es im Hause des von Karl Barth Geprägten zu tiefsinnigen Gesprächen über christliche Ethik. Dieser Mensch soll mit einem *Kuhfuß* das Gesicht seiner Gefährtin, die ihm nahestand wie sonst niemand, in einen blutigen Brei verwandelt haben? Dass jemand aus Angst, in ungerechtfertigten Verdacht zu geraten, bei der Polizei und vor Gericht lügt, ist gar nicht selten und wird von erfahrenen Richtern auch entsprechend gewürdigt. Doch der eloquente Gottesmann passt allzu geschmeidig seine Darstellung der fortschreitenden Beweislage an. Ich kann den Verdacht nicht unterdrücken, ein Wolf im Schafspelz stecke in diesem Taktierer, der so oft seinen klugen Kopf hinter den Händen verbirgt und theatralisch schluchzt.

Darf ich so etwas denken, der ich Gerechtigkeit üben soll? Doch bliebe ich nicht mit dem Herzen beteiligt, würde ich dann Wahrheit finden? Fehlbare Menschen richten über andere, die solange als unschuldig angesehen werden müssen, wie sie nicht überführt worden sind. Staatsanwalt und Verteidiger bemühen sich – wenn auch parteiisch – das tatsächliche Geschehen nachzuzeichnen. Und der Richter? Hält sich in ihm die Unschuldsvermutung, bis unwiderlegbare Beweise *pro* oder *contra re* auf dem Tisch liegen? Oder wird er etwa schon vorher Partei? In der Rechtsgeschichte sind zahllose Irrtümer bezeugt, die aus dem Ressentiment erwuchsen.

Die Beweisdecke ist im Grunde sehr dünn: Zeugen, die die Erschlagene noch gesehen haben wollen, als sie nach Aussage von Gutachtern längst tot war, Erde an Gummistiefeln, die vom Tatort oder von tausend anderen Plätzen in der Landschaft herrühren kann, und schließlich die tote Ameise, der gleichen Rasse angehörend wie jene, die auf der Bluse der Toten herumkrabbelten. Diese Art soll nur an wenigen Standorten in der Region anzutreffen sein. Dennoch: Wie der Mensch streben Ameisen Sesshaftigkeit zwar an und sind doch Nomaden, sehr mobile Wesen. Geschlagen ist der Richter, der auf solche Indizien angewiesen ist. Wir können nicht vermeiden, dass unsere Phantasie durch ein Kaleidoskop aus gesicherten und vagen Fakten angeregt wird. Wenn wir das Rohr lange genug gedreht haben, ergibt sich ein Ablauf, der uns in unserer ichgebundenen Art, zu sehen und zu werten, am meisten einleuchtet. Das wäre dann der sichere Weg zum Recht?
Ein namhafter Journalist schreibt zu Beginn des Prozesses, das Ehepaar Adler habe innerhalb seiner Gemeinde

eine Gegenwelt zur heutigen Gesellschaft aufgebaut, in der das Menschliche Vorrang vor den materiellen Dingen des Lebens hatte. So wird Adler von seiner Umgebung auch erfahren: Ein selbstloser, hilfsbereiter, geduldig zuhörender Mensch, glaubwürdig als Christ. Man preist die Großherzigkeit und den kultivierten Charme der Eheleute.

Der Staatsanwalt beschreibt uns hingegen den Angeklagten als ehrgeizigen Amtsträger der Kirche, der die Tochter eines renommierten Theologen wohl deshalb ehelicht, weil das der Karriere förderlich ist. Durch Anpassung bringt er es nach Meinung des Anklägers zum Stellvertreter des Superintendenten.

Nach dem Zusammenbruch der sozialistischen Diktaturen im Osten scheint Adler aus der Bahn geworfen. Dem linksliberalen Mann müssen seine politischen Visionen abhanden gekommen sein. Er wirkt erschöpft, zieht sich aus der Aktion Sühnezeichen zurück und lässt sich nicht wieder in den Vorstand des Kirchenkreises wählen. Würde sich so ein Karrierist verhalten?

Dagegen sehe ich vor allem den geschickten Schauspieler auf der Anklagebank, der sich herauszuwinden sucht. Nichts ist von dem Fluidum geblieben, das in Nebenwald geherrscht haben soll. Ich kann nicht glauben, dass einer zwei Rollen ganz auszufüllen vermag: gütiger Hirte und aufstiegsbesessener Amtsträger, zärtlicher Ehemann und leichtfertiger Verführer, Pazifist und wutentbrannter Macho. Eine kann nur gespielt sein. Aber spielen wir nicht alle? Jeder von uns schlüpft täglich in mehrere Rollen. Ich muss dem Psychologen glauben, dass sich lebendige Einehe und Promiskuität nicht ausschließen; beidem kann einer leben. Doch ich, der ich Treuen weitgehend treu war, kann das nicht nachempfinden; darum kann ich nicht urteilen.

Heute war vom Mut des Pastors gegenüber vorgesetzten Brüdern die Rede. Adler hatte während des Golfkrieges seinem Bischof das Leben schwergemacht. Ich denke, dass der politische Mut unserer Vorfahren zu wenig gewichtet wird, was die abfälligen Kommentare über das Denkmal der Göttinger Sieben in Hannover deutlich gezeigt haben. Dagegen sehen wir den Schneid querdenkender Zeitgenossen meist in zu heroischem Licht. Was hat ein von der politischen Linie seiner Kirche abweichender Pfarrer denn an Nachteilen zu erwarten? Im Gegenteil: Zivilcourage, die in einem repressionsfreien Staat billig zu haben ist, ziert den Mann, hebt ihn heraus.

Rätselhaft ist die Liste der außerehelichen Verhältnisse. Gar zu verschieden erscheinen die umworbenen Frauen: Die robuste Erzieherin, die sensible Musikerin, die Krankenschwester und zu guter Letzt eine Amtsschwester in dem Herrn, die die Chuzpe hat, mit dem Angeklagten in sein eheliches Bett zu steigen, als nach der vermissten Gattin noch fieberhaft gesucht wird. Das war immer Liebe? War es nicht viel mehr das armselige Spiel des Don Juan, der innere Leere zu füllen hofft, indem er die eine gegen die andere tauscht? Das soll die Ehefrau alles geduldig getragen haben? „Die meisten Menschen sind mit ständiger Kränkung überfordert", wird später der Psychiater trocken erklären. Dabei hat Vera nicht die moralische Statur, die Libertinage ihres Mannes zu tadeln. Sie hatte selbst amouröse Abenteuer. Und immer noch stimmt die Behauptung, Adlers hätten eine zärtliche Ehe geführt?

Doch kann man die Bettszene im ehelichen Schlafzimmer auch ganz anders sehen: Der Mann ist durch das Verschwinden seiner Frau stark verunsichert. In letzter Zeit haben sich Konflikte gehäuft; er ist leicht aus dem Gleichgewicht zu bringen. Bei Frauen, die ihm libidinös verbunden waren, fand er Geborgenheit wie sonst nirgends. Er bittet die Freundin, sich neben ihn zu legen; keusch halten sie sich bei den Händen. Ihre Nähe gibt ihm Halt und verhindert, dass er ins Bodenlose stürzt.

Doch etwas wehrt sich in mir gegen diese Möglichkeit; ich komme über den Don Juan nicht hinaus.

Das Haus in Nebenwald ist aus der Sicht des Dorfes von edlen Menschen geführt worden. Aber es kommt auch zu Tage, dass Vera Adler furchtbar böse werden konnte; ihr Lachen konnte verletzen; den ihr Angetrauten hätte sie einmal beinahe voller Wut mit dem Auto überfahren. Licht und Schatten wie überall? Ein jeder hat mehrere Gesichter. Doch hier sehe ich zwei Bilder, die überhaupt nicht zueinander passen. Weil ich das eine mit dem anderen bei größtem Wohlwollen nicht zur Deckung zu bringen vermag, bin ich nicht urteilsfähig. Gott steh mir bei!

Eine der Geliebten des Pastors gibt zu Protokoll, dass er schon vorher den Tod seiner Frau *erwogen* habe. Als es dann geschehen sei, habe sie gedacht: „Jetzt hat er es also getan." Welcher Abgrund tut sich da auf! Wir sind alle Sünder und haben unserem Nächsten manchmal die Pest an den Hals gewünscht. Aber wenn sich solche Wünsche dann erfüllen?

Eine offene Ehe, wie sie von manchem Psychotherapeuten gepriesen wird, haben die Adlers zwar nicht geführt, aber sich gegenseitig viel Freiheit zugestanden. Freiheit schließt Verantwortung ein. Wofür bist Du frei?, fragt Nietzsche. Wieviel schwerer wiegt das unter dem Kreuz – nach Luther?

Psychiatrische Gutachten haben meist eine fatale Ähnlichkeit mit dem Orakel der Pythia. Mit ihnen lässt sich alles und nichts beweisen. Danach ist Adler eine schwache Persönlichkeit, für die seine Frau Vera das Lebensfundament war. Leichtsinnig hat er immer wieder Krisen heraufbeschworen, denen er sich dann nicht gewachsen zeigte. Diesmal wird es besonders ernst: Zwei Freundinnen haben sich in kurzer Zeit von dem Anlehnungsbedürftigen getrennt; das Ende seiner durch zahllose Eskapaden überstrapazierten Ehe droht. Wenn öffentlich bekannt wird, was bisher unter dem Schleier der familiären Diskretion verborgen blieb, verliert er sein Amt und das hohe Ansehen sowohl in der Gemeinde als auch bei Amtsbrüdern. Dann hilft es nicht mehr, Konflikte mit Rhetorik zuzukleistern. Er steht vor dem totalen Aus. Von Heimatlosigkeit spricht der Psychiater. Wer alles zu verlieren hat, was sein Leben ausmachte, wovor schreckt der, zunehmend in Panik geratend, noch zurück?

„Du hast Dich mir verwandelt in einen Grausamen und streitest gegen mich mit der Stärke Deiner Hand", ist das Motto der Todesanzeige für Vera Adler. Der ungerecht

Verklagte mag so mit Gott hadern. Doch dürfen wir eigene Fehlbarkeit als göttliche Fügung hinstellen, wir, die frei geboren sind zu Bösem wie zu Gutem?

Eine Szene des Dramas steht mir unauslöschlich vor Augen: Die Pastorin in Adlers Bett ist am frühen Morgen voller Sorge, die vermisste Ehefrau erschiene plötzlich und würde sie in dieser peinlichen Lage überraschen. „Schön wär's", sagt der Pastor ungerührt, „es ist aber die Zeitung".

Der neunzehnjährige Sohn Adlers äußert sich vor Gericht zu der Frage, wer alles in der Familie die vieldiskutierten Gummistiefel getragen habe. Er macht präzise Angaben dazu und verweigert im Übrigen die Aussage. Die Loyalität des Sohnes zum Vater beeindruckt das Gericht. Muss ein Mann, der Kinder hat, nicht um jeden Preis eine solch schwere Tat leugnen, selbst wenn er das Bedürfnis hätte, sein Gewissen zu erleichtern? Von Anbeginn hatte ich den Eindruck, alle Unschuldsbeteuerungen des begabten Redners wären an seine Kinder gerichtet.
Doch werde ich diesem Mann auch nur annähernd gerecht? Gehöre ich nicht auch zu der Meute, von der Adler spricht? Der Meute, die einen Unschuldigen vernichten will? Ich ertrage den Druck nicht mehr. Morgen werde ich mich für befangen erklären und meinen Vorsitz abgeben.

Waräger

So nannte man im Dorf den blonden Hünen seiner slawischen Backenknochen wegen. Hier in Elsheim soll er vor etwa sechzig Jahren geboren worden sein. Ein Zirkus gastierte im Ort, als er fünfzehn Jahre alt war. Seither sah ihn niemand mehr, bis er als älterer Mann in das verfallene Haus seiner Väter einzog. Abend für Abend saß er stumm im „Eichenkrug" und trank etliche Schoppen vom Federweißen des in der Nähe wachsenden Rieslings. Wie man von seiner gelegentlich aus der Stadt herüberkommenden Nichte wusste, war der Abenteurer die meiste Zeit seines Lebens zur See gefahren, zuletzt auf großen Linienschiffen als Zahlmeister. Gelangweilte Rentner, auf unterhaltsame Berichte des Weitgereisten versessen, wurden enttäuscht. Der Waräger war ein verschlossener, schwermütiger Mann.

Plavsic lebte seit zwei Jahren in Deutschland. In seiner Heimat schon war er gewöhnt gewesen, gegen angemessene Entlohnung alle Drecksarbeit zu leisten. Ein Landsmann rief ihn unerwartet an, der als Opfer Amors einer attraktiven Schwäbin in den Schoß gefallen war und nun brav Obst und Gemüse über den Ladentisch reichte. Der bürgerlich gewordene Freund suchte – einen Killer.
Sie verabredeten sich zu später Stunde in einer Kneipe der Kreisstadt, wo vorwiegend Immigranten aus den

Balkanländern verkehrten. Der Freund breitete eine Flurkarte im Maßstab 1:5000 über den Wirtshaustisch. Weitläufige Forsten waren zu erkennen; von einem Fischteich am Fuß des Höhenzuges führte ein Hohlweg parallel zu dürrem Rinnsal steil hinan. Was die Karte nicht preisgab, erläuterte der Freund. Hinter einer Kurve von 120 Grad lag eine unter jungem Ahorn verborgene Schutzhütte. Der eintönige Fichtenhain ging hier in Mischwald über. Am Rande des zu Tal führenden Grabens stand ein grobbehauener, von Algen überzogener Sandstein, darin eingemeißelt: „Jagen 5". Hier war der als Tatort vorgesehene Platz. Der Obsthändler schärfte dem Desperado ein, sich gut in Deckung zu halten. An fleckiger Lodenjacke und knallgelbem Halstuch sei der Delinquent gut zu erkennen. Wenn er ihn um die Wegbiegung kommen sehe, solle er ab einer Distanz von dreißig Metern mit der Maschinenpistole das Feuer auf den Mann eröffnen und solange schießen, bis er sicher sei, ihm das Lebenslicht ausgeblasen zu haben. Dreißigtausend Mark wechselten den Besitzer: die Hälfte des versprochenen Lohns.

Der Waräger war selten zu Hause. Unstet durchstreifte er die Wälder dieser freundlichen Mittelgebirgslandschaft. Spaziergängern, denen er grußlos begegnete, fiel sein suchender Blick auf. Er wirkte wie ein Jäger, der seine Beute ganz in der Nähe weiß und den Triumph schon im Vorhinein auskostet, sie gleich zu überraschen und niederzumachen. Doch etwas ganz anderes ging in dem einsamen Wanderer vor. Die Vergangenheit setzte ihm zu:

Auf der „Independence" hatten sie einst in der Kantine gesessen, der Erste Steuermann und er. Meistens grübelten sie in ihrer dienstfreien Zeit gemeinsam am Schachbrett. Der Waräger hatte Respekt nicht nur vor dem guten Spieler; er schätzte die Verlässlichkeit dieses Mannes und gewann derart Vertrauen zu ihm, dass er ihn als seinen Freund ansah. Obwohl der offizielle Wetterbericht für den Nordatlantik nur geringe Windstärken voraussagte, schien der erfahrene Seemann beunruhigt, ging immer wieder auf die Brücke, klopfte misstrauisch ans Barometer und meinte schließlich: „Ich habe so eine Ahnung: Wir werden in spätestens zehn Stunden einen der schlimmsten Stürme unsrer gesamten Fahrenszeit erleben." Der Waräger lachte: „Du siehst Gespenster. Haben die modernen Wetterfrösche sich je geirrt?" Finster brütend saß der Steuermann da und brummte: „Ich werde die Sonne nicht mehr aufgehen sehen. Du wirst Dich retten können." Dann ging er, ließ den Waräger vor erst begonnenem Spiel ratlos sitzen.

Es kam, wie der Bootsmann vorausgesagt hatte. Unvermutet frischte der Wind auf und wuchs sich in wenigen Stunden zum Orkan aus. Als die Wellen ihre höchste Amplitude erreicht hatten, fuhr die „Independence" in den Ärmelkanal ein, wo alles nur noch schlimmer wurde. Trotz Radar war die Besatzung nicht mehr im Stande, in dieser verkehrsreichen Zone zu anderen Schiffen sicheren Abstand zu halten. In der Morgendämmerung kollidierten sie mit einem Trawler, dessen Kapitän genau so die Übersicht verloren hatte wie

der ihre. Große Wassermengen drangen ein; der Pott sank ungewöhnlich schnell. Der Waräger sprang entschlossen über Bord und klammerte sich an eine fortgespülten Materialkiste, bis er von einem Hubschrauber aufgefischt und nach Calais gebracht wurde. Nur wenige hatten das Unglück überlebt. Vom Steuermann des untergegangenen Schiffes hörte er nichts mehr.
Als er in Amsterdam abgemustert hatte und vorübergehend arbeitslos war, erreichte ihn der Brief eines Londoner Anwalts. Der verschollene Steuermann hatte ihn zum Erben einer kleinen Kate und etwas Weideland im schottischen Hochland bestimmt. Ihm war freigestellt, was er mit dem Häuschen mache; doch klang verschlüsselt die Erwartung durch, dass er es behalten und pflegen möge. Allerdings war vor Antritt der Erbschaft eine sonderbare Bedingung zu erfüllen: Er musste die in einem Schließfach des Londoner Hauptbahnhofs deponierte Pistole einem kleinen Beamten, der in Birmingham seine Pension verzehrte, überbringen mit der düsteren Botschaft: „Es ist Zeit, das Verabredete zu tun." Das Erbe verlockte ihn, und ohne Skrupel überbrachte er das unscheinbare Paket. Der Empfänger der Waffe erwies sich als hinfälliger Greis, offenbar der Großvater des Seemanns. Der Waräger wollte gar nicht verstehen, was dieser eigenartige Auftrag bedeutete, bis er nach Verlassen des Alten noch auf der Treppe des verkommenen Miethauses zwei Schüsse hörte, sich nicht mehr umsah und fluchtartig nach London zurückkehrte. Erst nach Jahren besichtigte er das in der Nähe von Balmoral gelegene Haus, das Ratten und Fledermäusen als Wohnstätte

diente. Ein Schafzüchter zeigte sich am Kauf des Grundstücks interessiert, würde die Hütte aber zusammenschieben lassen. Der Waräger rang lange mit sich. Hatte er nicht ein Vermächtnis zu erfüllen? Dann dachte er wieder an den Tod des Alten. Es reute ihn, sich indirekt als Tötungshelfer hergegeben zu haben. Am besten einen Schlussstrich ziehen und alles vergessen. Er wurde mit dem Schäfer zu einem bescheidenen Preis einig.

Bald danach nahm ihn eine Londoner Reederei in ihre Dienste. Über Jahre fuhr er auf einem schrottreifen Postschiff zwischen Kapstadt und London hin und her. Vor der nigerianischen Küste gerieten sie einmal in ein furchtbares Unwetter, schwere Brecher gingen über das Schiff hinweg, das in die schlingernde Bewegung geriet, die der Seefahrer verharmlosend „Rollen" nennt. Dem Waräger war wie immer bei rauher See speiübel. Galle würgend lag er in seiner Koje, als die Außenwand des Kahns plötzlich durchsichtig wurde. Deutlich sah er die ein wenig gebeugte Gestalt des Steuermanns, abgezehrter noch als ehemals, der ihm zuzuwinken schien, doch ihm schließlich mit seiner phosphoreszierend leuchtenden Faust drohte. Der Waräger verlor dass Bewußtsein. Als er wieder zu sich kam, war die Erscheinung verschwunden. Bei jedem größeren Sturm auf See erschien ihm der Unheimliche nun, einmal sogar, als er eine Unterredung mit dem Ersten Offizier hatte. Nachts schlief er nicht mehr, Herzbeschwerden stellten sich ein. Die Selbstsicherheit des alten Seebären war dahin. Der sonst Unnahbare begann jetzt mit leichtlebigen Kerlen, die sich überall finden, zügellos zu saufen. Doch das Grauen wurde er nicht los, solange er Schiffsplanken unter seinen Füßen fühlte.

In London suchte er einen Arzt auf, der ihm nahelegte, abzumustern. Er fand Arbeit als Buchhalter im Hafenamt und glaubte, den rätselhaften Wahn überwunden zu haben. Im Hafenviertel nahm er sich eine bescheidene Bude; Seeleute sind nicht anspruchsvoll, was das Dach über dem Kopf betrifft.

Es dämmerte schon und ein eisiger Nordwest fegte über die Pier, als er am Abend nach Neujahr das Büro verließ. Um sich aufzuwärmen, trank er in der Lagerhauskaschemme noch einige Grogs. Mit leichtem Unbehagen machte er sich auf den Heimweg. Es war stockdunkel; der Wind hatte Orkanstärke erreicht. Leere Bierdosen schepperten über das Pflaster. Die Sirenen eines einlaufenden Containerschiffs heulten; dann unerwartet Stille; vom Hafenturm herab hörte er Jazzrhythmen, anscheinend auf einer gestopften Trompete geblasen. Deutlich sah er auf dem erleuchteten Deck die großen Transportbehälter. „Cargotrans", las er, „Londontrade" und „Hapag Lloyd". Jäh stockte ihm der Atem. Auf einem schneeweißen Quader stand blutrot: „Du bist gerichtet!" Er rieb sich die Augen, nestelte seine Brille hervor; die Schrift blieb. Trotz der Kälte bildeten sich auf seiner Stirn Schweißperlen und rannen die Nasenwurzel entlang. Mit weichen Knien setzte er sich auf einen Poller. So musste er lange betäubt gehockt haben; denn als er wieder hochschaute, war das Schiff längst in der Dunkelheit verschwunden.

Am nächsten Morgen stand er eine Stunde früher auf als sonst und suchte den Hafen nach den geheimnisvollen Lettern ab. Er entdeckte zwar das Schiff, das er in tiefster Nacht gesehen hatte; doch die Schrift war nirgends zu finden.
Des Menschen Gedächtnis ist gnädig; Unangenehmes wird bald vergessen. Nachdem er die freundliche Kellnerin, die in der Amtskantine Dienst tat, nicht nur in sein Bett bekommen, sondern sich in die gutmütige Frau sogar verliebt hatte, fand er allmählich wieder inneren Frieden.
An einem milden Frühlingstage schlenderte der Waräger am Themseufer entlang. Die Wiesen schmückten sich mit ersten Frühlingsblumen. Finken und Grasmücken flöteten Liebeslieder. Im Schatten einer uralten Platane zog er seine Jacke aus und legte sich gähnend ins Gras. Drei einmotorige Flugzeuge kreisten über dem Strom und zogen Reklamefahnen hinter sich her. Für Johnny Walker wurde geworben und für Colgate. Was auf dem dritten Transparent stand, konnte er nicht entziffern. Schneidender Wind kam auf, so dass er sich wieder in sein gefüttertes Jackett hüllte. Der Wind wurde böig und riss einen dicken, trockenen Ast ab, der aus großer Höhe herabfiel und nur eine Armlänge neben ihm zerschellte. Die dritte Maschine hatte anscheinend einen Defekt: Der Motor stotterte und setzte für Sekunden ganz aus. Plötzlich stürzte sie wie ein Stein vom Himmel. Bevor sie aufschlug und in Flammen aufging, erkannte er die Schrift – blutrot auf weißem Grund. „Geh heim", entzifferte er, und sein Herz begann zu rasen. Weder in den

Armen der Kellnerin noch bei seiner Arbeit, in die er sich verbissen kniete, fand er das Gleichgewicht wieder. „Geh heim, geh heim, geh heim", dröhnte es in seinen Ohren. In den Nächten war er wacher noch als am Tage; sein Appetit schwand, und er magerte zum Skelett ab. Der Psychotherapeut, den er in dieser Not aufsuchte, sah seinen Zustand als sehr bedenklich an und wollte ihn in die Psychiatrie einweisen.

Es gab nur einen Ausweg: Wenn er die Forderung des Menetekels erfüllen würde, könnte er dem Albtraum vielleicht entkommen. Kurzerhand verließ er London und erschien eines Tages in Elsheim. Wohltuender für Körper und Geist war diese Umgebung als der graue, kalte Londoner Hafen. Die verwitterten Fenster und Türen und das zerlöcherte Dach seines Elternhauses störten ihn nicht. Er richtete notdürftig ein Zimmer wieder her und war damit zufrieden. Nach jedem Waldmarsch atmete er ein wenig freier und begann erneut, das Damoklesschwert über sich zu vergessen. Stets pflegte er eine Flasche Federweiße mit auf die Tour zu nehmen. In einer der Schutzhütten genoss er den jungen Wein; sein unruhiges Herz wurde beschwichtigt durch das bergende Grün ringsherum.

Heute hatte ihn der rasche Aufstieg zum Kamm des Höhenzuges ermüdet; er lehnte auf der Bank aus groben Fichtenbrettern, trank gierig und döste vor sich hin. Ein Gewitter zog auf. Wenn er sich dem Regen nicht aussetzen wollte, galt es, hier auszuharren, bis alles vorüber war. Für eine Weile musste er fest eingeschlafen sein, als ihn ein starkes Knistern hochschreckte; taghell war für einen Augenblick die Hütte und er las an der Decke in roter, wie auf einem Löschblatt verlaufender Schrift: „Stirb!" Jetzt krachte der Donner. Seine Augen brannten von dem gleißenden Licht. Kopflos rannte er in den Platzregen hinaus und raste den Waldweg hinab. Mehrmals stürzte er und kam völlig verwirrt und zerschunden in der Klabache an, die ihm schon in seiner Kindheit Schutz gewährt hatte.

Jetzt begriff er, dass es für ihn keine Zukunft mehr gab, und er dachte nur noch daran, wie er zu Tode kommen könnte. Er selbst würde es nicht schaffen, sich umzubringen; zu stark waren die Kräfte in ihm, die nach Leben lechzten. Einen Killer musste er sich kaufen. Es hatte ihn nie nach den Schätzen der Zivilisation gelüstet. Daher hatte sich ein kleines Vermögen angesammelt. Er konnte sich seinen Mörder leisten. So erschien der Waräger eines Tages im Laden des Obsthändlers.

Es wäre schwer auszuhalten, der eigenen Hinrichtung bewusst entgegenzugehen. Darum hatte der Waräger mit dem Kaufmann vereinbart, dass er über den Termin nicht informiert werde. Er hasste jetzt die verwunschenen Wälder, und doch trieb es ihn jeden Tag und bei jedem Wetter wieder hinaus. Nach einer Woche erschrak er schon, wenn ein Ast knackte oder ein Vogel im Laub scharrte. Wirre Bilder tanzten in seinem Hirn, und er konnte das Zittern der Hände nicht mehr unterdrücken.

Es war Herbst geworden. Dunst hing über dem Bachtal, als der Rastlose sich am frühen Sonntagmorgen wieder auf den Weg machte. Das Herz war ihm heute so leicht wie in seiner Jugend. Mit kräftigen Schritten ging er bergan und ertappte sich dabei, dass er einen Gassenhauer pfiff, was lange nicht mehr vorgekommen war. Schon auf der ersten Ruhebank nahm er einen großen Schluck aus der Literflasche und setzte sich mit ein paar albernen Hopsern, wie Kinder sie beim Hinkekastenspiel tun, wieder in Bewegung. Der Dunst wurde dichter. Erst als der Waräger sich dem Grenzstein „Jagen 5" näherte, riss der Nebel auf, und er sah wenige Meter vor sich einen kahlköpfigen Mann im militärischen Tarnanzug, der in der Astgabel einer jungen Esche seine Maschinenpistole in Stellung gebracht hatte und auf ihn zielte.

Plavsic war schon vor Sonnenaufgang hier heraufgekommen. Er fluchte leise, als Nebel aufzog. Seit Stunden wartete er darauf, den widerwärtigen Auftrag erledigen zu können. Seine Hände waren allmählich klamm geworden, und lähmende Kälte kroch von den Füßen aufwärts. Noch fünf Minuten würde er warten, bevor er für heute aufgab; das Wetter schlug um; morgen war vielleicht der günstigere Tag.

Da sah er die hagere Gestalt im Loden plötzlich vor sich. Der Killer umfasste den Schaft der Waffe und nahm den Finger an den Abzug. Mit geweiteten Augen sah ihn der Waräger an. Doch dann löste sich die Anspannung in diesem Gesicht, und es bekam einen unirdischen Glanz. Plavsic stand wie angewurzelt; er ließ die Waffe fahren, die am Baum herunterglitt. Lächelnd ging der Waräger auf den erstarrten Schützen zu. Der Glatzkopf wehrte sich nicht, als der Hüne von hinten den Arm um seinen Hals legte und wie ein Schraubstock langsam, doch unerbittlich zudrückte.

Nach beinahe einem Jahrzehnt traf der Postbeamte von Elsheim, der in Schottland seinen Urlaub verbrachte, auf den Heideflächen des Hochlandes einen greisen Schäfer, der dem Waräger verteufelt ähnlich sah. Doch sprach dieser Mann keine andere Sprache als den Dialekt des Landes, schien schwachsinnig zu sein, und war nach Meinung seiner Nachbarn über Dundee nie hinausgekommen.

Zeugen

Am 23. Mai 1995 schoss in der Fußgängerzone von Ottersbühl die Bankangestellte Eva Müller ihren Freund Romeo Roncalli nieder. Die Obduktion ergab, dass alle sechs Schüsse aus einem Smith & Wesson-Revolver, der dem Roncalli gehörte, in den Unterbauch und das Becken des Opfers eingedrungen waren. Die Genitalien waren total zerfetzt. Dem Verblutenden konnte auch der nebenan praktizierende und eilends herbeigerufene Chirurg nicht mehr helfen. Mit leeren Augen und völlig erstarrt lag EM über der Leiche, als die Polizei sich ihrer annahm.

Antje Kleinmut, Rechtsreferendarin, Freundin der EM: Mit Unbehagen habe ich gesehen, wie sich die Angeklagte dem Ermordeten ganz auslieferte. Er war promiskuin, was EM von Anbeginn bekannt war. Dennoch nahm sie ein eheähnliches Zusammenleben mit Roncalli auf sich. Beide waren gesellig und verbrachten ihre freie Zeit meist unter Freunden. Er verspürte allerdings wenig Lust, sich mit ihren Bekannten abzugeben und unterzog ihren bisherigen Umgang selbstherrlicher Kritik. Sie lenkte stets ein, verriet die eigenen Leute und ließ sich von seinem Kreis, übermütigen Karrieristen mit manchmal spätpubertär anmutender Arroganz, vereinnahmen. Über ihre Beständigkeit machten die Yuppies unschöne

Witze. Hinter vorgehaltener Hand wurde sie wegen ihrer Körpergröße und Rechtschaffenheit die Walküre oder die Nibelungentreue genannt.
Ihre Tat erscheint mir konsequent. Ich hätte diesen oder einen ähnlichen Verlauf der Tragödie schon, als sich beide kennenlernten, voraussagen können. Den Prozess werde ich mit Interesse verfolgen. Leider kann ich für EM, der ich mich freundschaftlich verbunden fühle, aus rechtlicher Sicht gar nichts tun. Ich hoffe, ihr behilflich sein zu können, wenn sie die zu erwartende Strafe abgesessen hat.

Max Zunder, Bäckermeister:
Die Eva haben wir alle sehr gemocht. Sie hat bei mir schon Brötchen für die Familie eingekauft, als sie soeben die Einkaufstasche schleppen konnte. Der verwitwete Vater verliebte sich vor Jahren in eine lebenshungrige Griechin, die ihn bald gelangweilt verließ. Er war ziemlich sentimental und pflegte seinen Trennungsschmerz noch, als alles längst Geschichte war. Um seine Tochter hat er sich nie gekümmert.

Auf gute Nachbarschaft hielten die Leute hier sonst nicht; doch wenn es um unsere gemeinsame *Waise* ging, waren wir eines Sinns. Wir meinten, sie beschützen zu müssen und waren entsetzt, als dieser struppig gestylte Italiener im weißen Porsche hier aufkreuzte, und sie sich ihm an den Hals warf. – Nein, jetzt bin ich ungerecht! Wahr ist, dass er ihr zuerst ziemlich gleichgültig war. Auf den Knien hat er um sie geworben. Allmählich muss er sie herumgekriegt haben. Wir konnten nicht begreifen, dass sie zu ihm zog, obwohl auch eine gewisse Astrid mit ihm zusammenlebte.

Klaus Grünberg, Apotheker, Roncallis Freund:
Romeo war ein charmanter Junge. Besonders wenn er den Schüchternen spielte, konnten ihm die Frauen nicht widerstehen. Er lebte vom Vermögen seines Vaters, der Textilfabriken in Kalabrien und Sizilien besaß. Nie wäre er dazu gekommen, irgendeine sinnvolle Arbeit zu tun, denn er war viel zu sehr damit beschäftigt zu leben. Über zwanzig Semester war er als Jurastudent immatrikuliert, und ans Staatsexamen war überhaupt noch nicht zu denken. Er konnte nicht ohne Frauen sein und hatte meistens mehrere Freundinnen zur gleichen Zeit. Da Treue in seinem Wertesystem nicht vorkam, kannte er auch keine Schuldgefühle, wenn er eine, die er noch vor Wochen angebetet hatte, mit süßen Worten, aber kalter Entschiedenheit fortschickte. Die Walküre hätte mit ihm gar nicht erst anbändeln sollen. Sie hatte ihn von Anbeginn durchschaut und musste wissen, dass er nicht in ihre enge Welt passte.
Ich bin sehr traurig: Romeo war mir ein Bruder. Wenn mich Melancholie zu übermannen drohte, konnte ich mich an ihm wieder aufrichten. Er verstand es, seinen Optimismus auf andere zu übertragen. Vor der Walküre habe ich ihn mehrmals gewarnt. Sie liebte ihn über alle Maßen und ertrug schwer, dass sie ihn mit anderen Frauen teilen musste. Größer noch als die Lebensgier war seine Arglosigkeit. Dass er durch seinen Lebens-

wandel längst den Dolch geschmiedet hatte, der ihn eines Tages fällen würde, wäre ihm nicht zu vermitteln gewesen.
Denken Sie nur nicht, ich hasste die Walküre. Ich kann sie gut verstehen und wünsche ihr, dass sie mit einer gelinden Strafe davonkommt.

Ernst Lobodda, Hausmeister des Appartementhauses am Stadtpark:
Herr Roncalli war ein großzügiger Mann. Ich musste oft in seine Wohnung kommen, weil bei den verrückten Feten, die er aufzog, Fenster zerdeppert, Tapeten beschädigt oder Löcher ins Parkett gehauen wurden. Ja, er lebte viel freier und sorgloser als unsereiner. Doch die Handwerker wurden nicht nur wegen Reparaturen herbestellt; alle paar Monate krempelte er seine Wohnung total um. Einmal hat er zu mir gesagt, seine wiederhergerichtete Herberge öde ihn oft schon nach Tagen an; darum müssten Marmor und Glas, Polster und Holz, Leinwand und Farbe – glauben Sie mir, genau das waren seine Worte – ständig gewechselt werden; denn Langeweile wäre das allerschlimmste im Leben. Ich habe seinetwegen viel Plackerei gehabt; doch er war sehr spendabel. Wenn es einmal besonders hoch hergegangen war, hatte ich im Monat mehr Trinkgeld als Lohn.
Die Weiber waren verrückt nach ihm; er soll es gewaltig drauf gehabt haben. Schade, dass ihn eine seiner Stuten umgebracht hat. Ich glaube, die Frauen haben nur das eine von ihm gewollt und gar nicht gewusst, was für ein nobler Mann er war.

Fanny Düerkop, Raumpflegerin:
Der Roncalli war ein Schwein. Albaner hätten seine Luxuswohnung nicht schlimmer zurichten können, wie er und seine Kumpane es immer wieder fertigbrachten. Und wie er mit den Mädchen umgegangen ist, das schreit zum Himmel. Gott sei Dank hat wenigstens eine den Mumm gehabt, ihn zur Hölle zu schicken. Eva ist so ganz anders gewesen als die aufgetakelten Huren, mit denen der geile Bock sonst rumgemacht hat. Ja, der Papagallo hat sie voll reingelegt: Bei ihr den grossen Liebhaber gespielt, wo doch im Café nebenan schon eine andere wartete. Ach, sie hat es überhaupt nicht leicht gehabt. Ihre Mutter ist früh gestorben, und für den Vater war sie gar nicht vorhanden. Da muss man sich nicht wundern, dass sie so schlechten Umgang hatte.

Ich will Ihnen mal ehrlich sagen, was ich von ihrer Tat halte: Sie hat für mehr Sauberkeit in der Stadt gesorgt. Ja, einen Empfang beim Bürgermeister mit Schampus und Kaviar und einen dicken Orden hätte sie verdient. Stattdessen geht sie nun in den Knast. Glauben Sie mir: Es gibt keine Gerechtigkeit auf der Welt.

Paul Mittag, Börsenbroker:
Ein Abend bei Roncalli war selbst für abgehärtete Party-Löwen ein Ereignis. Romeos Einfälle hatten höchsten Unterhaltungswert. Doch zuweilen schoss er übers Ziel hinaus. Na, Sie haben es wohl in der Presse gelesen: Um sich die Füße zu kühlen, hat er vorigen Sommer den städtischen Hydranten aufgedreht, der sich dann nicht

mehr schließen ließ. Der Pegel auf dem in einem Kessel gelegenen Heinrich-Lübke-Platz stieg auf über einen Meter. Selbst die Dickfelligsten unter uns meinten, dass das wohl kein Spaß mehr wäre. Doch im Grunde war er ein feiner Kerl. Vor allem konnte er wunderbar delegieren. Es ging bei ihm zu, wie im vorigen Jahrhundert vielleicht bei Hofe. Meine Aufgabe war es, die von ihm verlassenen Frauen wieder ins Gleichgewicht zu bringen, was ich mit Sensibilität und Takt und nicht ohne eigenen Nutzen besorgt habe. Einer von uns hielt den Kontakt zur Uni, trug ihn in die Anwesenheitslisten von Seminaren ein, schrieb – wenn es sich nicht vermeiden ließ – Klausuren für ihn, usw. Beneidet wurde unser Mundschenk um seine Aufgabe. Er reiste während seines Urlaubs durch Frankreich und Italien, zur Not auch durch deutsche Weinbaugebiete und besuchte die angesehensten Feinkosthäuser Europas, um raffinierteste Genüsse für den Gaumen aufzuspüren.

Warum sich der Romeo mit dieser Landpomeranze eingelassen hat, blieb uns allen ein Rätsel: Ein Weltmann gerät in dionysischen Taumel, wenn er Gretchen nur sieht. Ach, wir fanden es zum Kotzen. Manche Abende hatte er nur Augen für das stieselige Landei und beachtete die eleganten Rasseweiber, die zu seinem Hofstaat gehörten, mit keinem Blick.

Er hatte Geschmack, war großmütig, tat als ein sachverständiger Mäzen viel für die heutige Malerei. Bewundernswert heiter war er, hatte Phantasie und wusste auf einzigartige Weise zu leben. Warum nur musste dieses Trampel ihn umbringen? Wir können diesen Mord weder verstehen, noch werden wir ihn jemals vergeben. Ich bin für die Wiedereinführung der Todesstrafe.

Nelly Reißer, Prostitutierte, von Roncalli gesponsert:
Der Romeo hat mich am frühen Morgen hinterm Bahnhof angequatscht. Ich gehörte nicht hierher, hat er gesagt, die Saufsäcke, die meine Kundschaft wären, wüssten meine Qualitäten nicht zu schätzen, und – ich würde schnell auf den Hund kommen, wenn ich so weitermachte. Nachdem er einmal Feuer gefangen hatte, kam er fast jeden Abend. Doch auf 'ne schnelle Nummer war er nicht aus. Wenn ich den Kiez sausen ließe, würde er ein erotisches Wunder aus mir machen, hat er gesäuselt, ich müsste nur ein paar Wochen in seine Schule gehen. Aus Neugier habe ich mich dann von ihm abschleppen lassen. Er war der beste Kerl im Bett, den ich je hatte. Ja, ich weiß nicht, er war so zärtlich und weich und dann doch so bestimmend. Leider hat er mich nach ein paar Wochen rausgeschmissen, weil ich angeblich ein Vakuum in der Birne hätte. Doch hat er dann dafür gesorgt, dass ich bessere Freier kriegte. Auf einmal war ich keine billige Nutte mehr.

Der Walküre bin ich nur zweimal begegnet. Einmal kam ich dazu, als sie dem Romeo gerade eine tolle Szene machte. Als wär sie bei der Heilsarmee, so hat die auf die Pauke gehauen. Der Roncalli hat den Kopf hängen lassen und sie nicht einmal geohrfeigt, wie ich es von ihm gewöhnt war. Mann, die konnte einen fertigmachen! Ich bin gleich wieder abgehauen; so moralische Töne vertrag ich nicht. Ein anderes Mal war sie allein in Romeos Wohnung und hat ganz furchtbar geheult. Ich habe versucht, mit ihr von Frau zu Frau zu reden, aber sie hat noch schlimmer geflennt; da ist mir zuletzt nichts mehr eingefallen. Ich glaube, dass sie 'ne schlimme Macke hat. Von einer Frau umgebracht zu werden, war sozusagen Romeos Berufsrisiko. Wer so viele Weiber aufreißt, kommt auch mal an die Abartigen. Ich kann mich über seinen Tod nicht aufregen. Ist doch besser, mit 'ner Ladung Blei in der Figur gleich abzunippeln als mit AIDS jahrelang hinzukrepeln. Er hat das Leben doppelt und dreifach genossen, also hat er mehr schöne Stunden gehabt als einer, der vielleicht siebzig trostlose Jahre auf dem Buckel hat. Hoffentlich kommt die Walküre aus dem Knast nie wieder raus. Der friedliche Bürger muss vor den Bekloppten geschützt werden.

Manfred Kristlein, ein Freund EMs:
EM kannte ich bereits in der Grundschule. Wie das so ist, wenn man sich schon als Neutrum verliebt, bin ich ihrer Spur gefolgt und wich auch nicht von ihrer Seite, als wir gemeinsam aufs Gymnasium gingen. In Deutsch und Englisch konnten wir etwas von ihr lernen. Doch bei den Naturwissenschaften und in Latein haperte es schon mal, was mir Gelegenheit bot, ihr unter die Arme zu greifen. Wie gern hätte ich das auch wirklich getan. Doch da war sie empfindlich. Als ich sie bei unserer allerletzten Schulwanderung, angetrieben von vorweggenommenem

Abschiedsschmerz, glutvoll auf den Oberarm geküsst habe, brachte sie einen solchen Schwinger an, dass mir das Blut über die Lippen troff und zwei Schneidezähne wochenlang wackelten. Kurz vor dem Abitur haben wir gemeinsam mit unserem lebensfrohen Biologielehrer an einer Weinprobe in Heppenheim teilgenommen. Für mich war das die letzte Chance, bevor wir in alle Winde auseinander gingen, ihr zu sagen, dass sie die Frau meines Lebens sei. Doch sie hat mich kalt abgewiesen.

Nachdem ich das Theologiestudium in Tübingen aufgenommen hatte, erfuhr ich aus der Heimatstadt nur selten etwas. Ein von mir gelegentlich befragter Freund berichtete, EM habe sich anscheinend nichts aus Männern gemacht, bis sie einen reichen, anmaßenden Italiener kennengelernt hätte, dem sie total hörig geworden sei.
Dann las ich in der Presse von dem Mord, den ich nach allem, was ich jetzt darüber höre, als Totschlag aus Notwehr einstufen würde. Das verstehen Sie nicht? Zu solchen Schlüssen braucht man eben den Kopf eines Theologen.
Nach dem Vikariat strebe ich keine Pfarrstelle an, sondern will mich denen widmen, die von der Gesellschaft ausgegrenzt werden. Ich hoffe, als Seelsorger in unserer Landeshaftanstalt eingesetzt zu werden. Dann nehme ich sofort Kontakt zu EM auf. Doch bin ich dabei – wie Sie sich denken können – nicht nur selbstloser Hirte. Mein Ziel ist, sie ganz für mich gewonnen zu haben, wenn sie aus der Haft entlassen wird.

Auf dem Waldweg ein Toter

Als er den breiten Hohlweg verließ und in den mit einer Decke aus Fichtennadeln gepolsterten, gewundenen Seitenpfad einbog, sah er etwa fünfzig Meter entfernt etwas Unförmiges am Rande des Weges. Er vermutete, ein Wildschwein habe sich hier gelagert und ihn nicht gewittert. Erst als er dicht davor stand, erkannte er einen wie ein Embryo zusammengekrümmten etwa fünfzig Jahre alten Mann, der den grünen Parka eng um sich gezogen hatte und zu schlafen schien. Das von silbrigen Bartstoppeln übersäte Gesicht war tief in der Kapuze verborgen und aschfahl, die Augen zugequollen. Als er sich niederbeugte, sah Werner, dass der Mann nicht mehr lebte.
Der Wanderer kehrte um und strebte zum Parkplatz, fuhr dann zur nächsten Telefonzelle, um die Polizei zu benachrichtigen, die auch bald eintraf. Er führte die Beamten zum Fundort, hinterließ seine Personalien und schlenderte zum Auto zurück. Müßig die Fragen nach dem Woher und dem Warum. Wer schon als Jugendlicher Uniform tragen musste und das Ende des Russlandfeldzuges miterlebte, war nicht so leicht zu erschüttern. Am Abend hatte er den grausigen Fund vergessen.

Die Woche über beschäftigte den Hobbyangler neben seinen beruflichen Aufgaben der Erwerb von Fischereirechten, die in den hiesigen Kiesteichen neu vergeben wurden. Am Samstagabend rief ein Ermittler der Kriminalpolizei an. Man wollte den Finder der Leiche noch einmal hören – Polizeiroutine.

In der Presse las Werner, dass es sich bei dem Toten um einen gewissen Herbert Holthusen handele. Der Industrievertreter habe u. a. mit Waffen gehandelt, was ihm wohl zum Verhängnis geworden sei. In seinem Schädel steckte eine Kugel aus einem Smith & Wesson-Revolver, Kaliber 7,5. Werner besaß die gleiche Waffe. Das Verfahren wegen Mordes gegen Unbekannt würde nach einigen Monaten eingestellt werden. Wenn Ostkontakte im Spiel waren, blieb die Spurensuche meist aussichtslos. In Werners Kopf spukte der Name Holthusen noch herum. Wo hatte er den Namen schon einmal gehört? Streng befragte er sein Gedächtnis. Doch da war kein Erinnern. Preise waren niemals allein eine Folge der Kostenkalkulation, sondern unterlagen auch dem Wandel des Marktes, auf den der Betrieb wagemutig oder defensiv reagieren konnte. Um Vergleichszahlen zu haben, ließ sich Werner den Jahresabschluss des Vorjahres vom Computer noch einmal zeigen. Dabei stieß er zufällig auf eine private Überweisung zu seinen Lasten. Der Beleg war beinahe unleserlich, was bei persönlichen Entnahmen nicht weiter auffiel. Welcher Gesellschafter wofür wieviel entnahm, ging die Firma nichts an. Hier wurde die Zahlung von 10 000 DM an einen Holluben, Hollhuber, Holthusen? dokumentiert. Werner war fest davon überzeugt, dass er einem Holthusen nie in seinem Leben begegnet war. Den sparsamen Mann ärgerte es, dass ihm der Grund für den finanziellen Aderlass entfallen war. Beim Aufräumen stellte er fest, dass in seiner Waffe, die seit Jahrzehnten geladen und gesichert im Nachttisch lag, eine Patrone fehlte. Werner hatte sich für das ererbte Ding nie interessiert und wusste weder, ob er jemals damit geschossen hatte, noch ob es schon immer unvollständig geladen gewesen war.

Der sonst meist Hochgemute empfand ein schwer bestimmbares Unbehagen. Er meinte, sicher zu sein, dass er mit dem im Forst gefundenen Toten nie etwas zu tun gehabt hatte. Dennoch gelang es ihm nicht, seine Gedanken von dem Fall loszureißen, der ihn doch gar nichts anging. Als die Beklemmung von Tag zu Tag zunahm, suchte er eine Freundin auf, die ihm einmal sehr nahe gewesen war und ihm vielleicht helfen würde, mit sich ins Reine zu kommen. Er war mit seinem Bericht noch nicht ganz zu Ende, als er ihren skeptischen Blick auf sich spürte. „Deine Darstellung überzeugt mich nicht. Ich denke, Du bist von einem Wahn besessen. Du solltest Dich nach den Wurzeln zu deiner Selbstanklage fragen. Irgendwann musst Du jemandem leidenschaftlich den Tod gewünscht haben", sagte sie und verabschiedete ihn wenig später voll Mitgefühl. Darauf sprach Werner lange mit seinem in der Nähe wohnenden Sohn. Sie hatten stets ein ehrliches Verhältnis zueinander gehabt. Der junge Mann war überhaupt nicht verwundert. „Wer nicht weiß, welche Abgründe in ihm liegen, hat sich selbst nur nicht erkannt", sagte er und legte dem Vater tröstend den Arm auf die Schulter. „Du musst da durch. Der Polizei bist Du noch nicht aufgefallen. Die anderen haben meist eine bessere Meinung von uns, als gerechtfertigt wäre. Solltest Du in Verdacht geraten, was wir nicht hoffen wollen, dann sprich einmal mit Schulze. Ihr habt die gleiche Schulbank gedrückt und bliebt auch später eng verbunden. Er ist vor Idealismus blind und wird vor Gericht Dein Charakterbild in strahlenden Farben malen. Du brauchst dann solche Zeugen." Seltam war, dass der eigene Sohn nicht im Entferntesten daran dachte, der Vater könne unschuldig sein. Als Werner seinem Kompagnon erklärte, welche schlimme Vermutung er gegen sich hege, riet der ihm, endlich den längst fälligen Urlaub anzutreten. Er sei überarbeitet und daher überreizt. Zwar weigerte er sich entschieden, Werners Selbstverdächtigung ernstzunehmen; doch konnte er sich durchaus vorstellen, unter so furchtbaren Druck zu geraten, dass Mord als einziger Ausweg bliebe. „Seit Freud wissen wir alten Sünder", meinte er lachend, „wie ungerührt wir alles Peinliche verdrängen. Vielleicht holst Du Dir mal Rat bei einem bewährten Seelenklempner? Wie dem auch sei; Anspruch auf Unschuldsvermutung hat zunächst ein jeder."

Der Besuch bei der Witwe des Herbert Holthusen blieb ohne Ergebnis. Er konnte sich weder an die Frau noch an örtliche Gegebenheiten wie Haus und Garten des Toten erinnern. Frau Holthusen empfing den hilflosen Besucher, den sie wohl für einen Schnüffler hielt, feindselig. Er wusste nicht, wonach er fragen sollte, und sie bekam die Zähne nicht auseinander. Auch sein Erscheinen bei der Polizei erwies sich als Fehlschlag. Die Beamten verstanden überhaupt nicht, warum er sich über den Stand der Ermittlungen informieren wollte. Sie vermuteten, er sei ein Querulant, der sie nur wertvolle Arbeitszeit kosten würde.

Werner träumte jede Nacht von dem Toten. Er sah sich hinter dichtem Buschwerk auf das Opfer lauern. Immer wieder war ihm, als erhöbe sich der Ermordete unversehens, die Kugel flog aus dem eigenartig verformten Kopf heraus auf Werner zu, der eine Waffe mit qualmendem Lauf in der Hand hielt. Mit schreckgeweiteten Augen ging das Opfer rückwärts, entspannte sich allmählich und verschwand mit festem Schritt in der düsteren Tannenschonung. Selbst am Tage und bei intensiver Arbeit ließ sich dieser rückwärts laufende Film nicht anhalten. Werner floh in die Wattewelt des Valiums. Sein Partner klagte darüber, dass sich neuerdings gravierende Fehler in ihr Abrechnungssystem eingeschlichen hätten. Werner, der in finanziellen Dingen äußerst pingelig gewesen war, berührten die auftretenden Pannen nicht.

Nachts fand er kaum noch Schlaf. Erst gegen Morgen wirkten die Barbiturate, die er wahllos schluckte. Er erwachte meist völlig zerschlagen und schweißgebadet und fürchtete sich vor dem Tag. In seiner Not ging er erneut zur Kriminalpolizei, bezichtigte sich des Mordes an Holthusen und forderte seine Verhaftung. Er glaubte, mit großer Überzeugungskraft zu sprechen. Doch niemand schien ihm recht zuzuhören. Hier und da wurde mühsam ein Grinsen unterdrückt. In den nüchternen Amtsräumen verhallten seine Worte. Seine Gedanken verwirrten sich mehr und mehr. Zuletzt quetschte er nur noch Satzfetzen ohne Zusammenhang heraus. Der Leiter der Dienststelle nahm ihn beiseite und setzte ihm mit großer Geduld auseinander, dass er aus Sicht der Fachleute völlig unverdächtig sei. Er riet ihm dringend, sich einem Psychiater anzuvertrauen.

Für Werner war undenkbar, dass mit seinem Geist etwas nicht stimmte. Er galt im Kreis seiner Freunde als Frohnatur. Melancholiker hatte er immer gemieden, und wenn ihm jemand die Welt schwarz zu malen suchte, hatte er das Thema gewechselt oder sich von seinem Gegenüber eilig abgewandt. Geschäftspartner schätzten in ihm den zuversichtlichen Kaufmann. *Optimismus* war das von ihm stereotyp gebrauchte, sich mehr und mehr abnutzende Wort. Mancher vermisste in Werners Denken letzte Gründlichkeit und war von der lauten, oberflächlichen Heiterkeit des betriebsamen Mannes befremdet. Doch solche Menschen zählten nicht lange zu seinem Umgang.

Es war schlimm, sich eine Untat eingestehen zu müssen. Aber ganz unerträglich wäre es, als Psychopath zu gelten. Lieber wollte er sein restliches Leben wegen eines Mordes, an den er sich nicht erinnern konnte, im Knast verbringen, als von einfühlsamen Irrenärzten in endlosen Sitzungen analysiert und freundlich lächelnd entmündigt zu werden.
In den schwarzen Novembernächten stand Holthusen mit grauem Gesicht an Werners Bett und sah regungslos

auf ihn herab. Für kurze Momente ließ sich die Gestalt verscheuchen, wenn der Gequälte seine Fäuste so fest in die Augenhöhlen drückte, dass er rote Flammen zucken sah. Doch das Ächzen des Sterbenden konnten auch die aus der voll aufgedrehten Stereoanlage donnernden Beatles-Songs nicht übertönen. Holthusens Stimme war zunächst nur ein verwaschenes Stammeln gewesen, aber von Nacht zu Nacht wurde sie deutlicher. „Nimm die Waffe weg!", brüllte er und: „Lass mich gehen. Ich verspreche: Du wirst mich nie wiedersehen!" „Glaub mir doch: Ich werde nichts mehr von Dir fordern." Dann in Todesangst der Schrei: „Du bist wahnsinnig!" Endlich fällt der Schuss. Befreiende Stille.

Dr. Wildhagen hatte unkonventionelle Methoden, den ihm Anvertrauten das Leben erträglich zu machen. Werner schickte er in Begleitung kräftiger Pfleger auf lange Tagesmärsche. Wenn der Ruhelose nach anstrengender Bergtour abends erschöpft in sein Bett fiel, vermochte auch der hartnäckige Holthusen ihn nicht wachzuhalten. Allmählich wurde der Schatten des Toten blasser. Die Valium-Dosen schrumpften. Werner hatte für Augenblicke das vage Gefühl, alles könnte wieder so werden wie früher. Ohne es zunächst selbst zu bemerken, war er gelassener geworden. Längst verhaspelte er sich nicht mehr im Satz und konnte seine Gedanken wieder klar formulieren.

Wildhagen mochte den intelligenten Kaufmann mit dem heiklen Gewissen, und an einem sommerlichen Junitage begleitete er selber den Patienten auf seiner Wanderung.

Sie hatten die Pfleger in der Klinik gelassen und plauderten angeregt über die heimischen Gewässer und deren Bewohner; denn auch der Arzt angelte gern. Die Sonne stand schon im Westen, als sie den zweitausend Meter in den Himmel ragenden Wolkenstein erreichten. Hier hielten sie – den weiten Blick ins Land genießend – nur kurze Brotzeit, denn langsam zog im Westen eine schwarze Wolkenwand auf, hinter der die Sonne bald verschwand.

Erste Donnerschläge kündigten das Gewitter an, und die beiden Männer beschleunigten ihre Schritte. Als sie die Baderklamm erreichten, begann es zu schütten. Der überhängende Fels bot nur geringen Schutz vor dem Wetter. Unter ihnen tobte der das Schmelzwasser bändigende Bach. Sie mussten sich sehr konzentrieren, um auf dem schmalen, schlüpfrigen Pfad nicht auszugleiten. Der Regen ließ nach, doch das Licht war jetzt fast ganz geschwunden. Wildhagen setzte sicher Fuß vor Fuß und hörte hinter sich das Schnaufen seines Schützlings. Plötzlich ein Schrei: „Da! Er hängt über mir in der Wand. Er springt herab!" Blitzschnell wandte der Arzt sich um. Doch jede Hilfe kam zu spät. Werner hatte das Gleichgewicht verloren und stürzte in die hier über fünfzig Meter in den Fels einschneidende Klamm.

Wieder einer, um den sie sich viel Mühe gemacht hatten, und der letztlich doch nicht zu retten war. Wildhagen dachte daran, sich zur Ruhe zu setzen.

Zynische Miniaturen

Revoluzzer im Taschenformat

Er war außer Atem. Vor ihm verwittert der Wohnblock. Kurz verschnaufen. Dann lieber den Lift nehmen. Den Schock beim Türöffnen gar nicht hochkommen lassen. Die Wohnung verqualmt. Am Bügelbrett hustend die Mutter. Das übliche Genörgel blieb aus. Dann unverhofft die Frage: „Biste nich inne Schule?" Wie er diesen Slang hasste! Sie meinte, das Betonproletariat zu karikieren; stattdessen beschrieb sie den eigenen Niedergang. Er konnte gut verstehen, dass der Alte sich davongemacht hatte. Er warf sich auf die Liege. An der Decke paarten sich zwei Fliegen. Wo würden sie ihn zuerst suchen? – Wieviele Bürgerrechtler wurden in diesem Augenblick gefoltert? Jiang Zemin war ein Verbrecher. Daran änderte auch der Staatsempfang nichts. Alle waren trunken von riesigen Wirtschaftsaufträgen. Wer dachte schon an den GULAG? Die Lateinarbeit würde er nachholen müssen. Für den Meyer war er Luft. Dabei zeigte er sich doch interessiert an Latein. War er es auch? Mit einer Fünf in Mathematik wurde man nicht versetzt. Die Metallkrallen hatte er in Webers Werkstatt gemacht. Peter Webers Alter spielte in der CDU den Rechtsaußen. Peter hatte Skrupel gehabt. Doch er hatte ihm was vom mündigen Bürger erzählt.

Der Konvoi kam über den Suttner-Platz, bog jetzt in die Adenauer-Allee ein. Er hatte sich in die vordere Reihe gedrängt. Gelangweilte Blicke. Kein Applaus. Demokraten wissen sich gegenüber so einem zu benehmen. Dann der Krallenhagel. Die Reifen pfiffen. Zwei Motorrad-Bullen gingen gleich zu Boden. Jäh hielt die Kolonne. Unwirsche Kommandos. Derweil hatte er bereits den Flur des benachbarten Hauses erreicht. Schnell zur gegenüberliegenden Tür. Trillerpfeifen spornten seinen Spurt an. Dann niemand mehr.
Gerettet?

Immer der Ärger mit Jana. Sie war sauer wegen seiner politischen Ansichten. Sein Denken wäre überhaupt nicht mehr *in*. Nur Träumer hofften noch auf Humanität durch Sozialismus. Er solle sich den verrotteten Osten genau ansehen. Unbelehrbar sei er. Ach, Jaanaa. Man müsste ohne Weiber leben können. Ob Peter dichthalten würde? Alle in der Gruppe waren Schlappschwänze. Er war der einzige Kerl unter ihnen.

„Willste nich bisschen rausgehn?" Sie wollte ihn los sein. Um diese Zeit rief häufig der Apotheker Schulz an. Lebte in Scheidung. War schrecklich geil. Mama war nicht sinnlich. Doch ein Liebhaber musste sein. Der Alimentenpflichtige sollte sie nicht für einsam halten. Sie war schlimm verdreht. Man konnte sich dem nicht entziehen. Früher oder später würde er auch eine Macke kriegen. Einen Staatsbesuch hatte er gestört. Arbeitsplätze hatte er gefährdet. Hatte er damit sein Land verraten? Waren die Stillen im Lande nicht schlimmere Verräter? – Wie würden die Geheimdienstprofis vorgehen?

Lampe hatte furchtbar auf die Bundesregierung geschimpft. Wer die Menschenrechte durchsetzen wolle, dürfe mit China keine Geschäfte machen. Lampe war sein Klassenlehrer. Mama mochte ihn nicht. Er hätte schlechte Manieren. Lampe hatte tolle Einfälle. Das Volk würde den dicken Kanzler nie nach Hause schicken. Ein Attentäter musste her. Korrektur des Wählervotums durch Mord? Mit seiner makabren Ironie gab sich Lampe schlimme Blößen. Trotzdem – er war große Klasse. Und Jiang Zemin war ein Verbrecher.

Einander aushalten

Zweimal schlug mit sattem Plopp eine Autotür zu. Der schwere Mercedes hielt auf dem Waldparkplatz nur wenige hundert Meter vom Schießstand des Jagdclubs entfernt. Zwei Jägerhüte wurden hinter Blechdächern sichtbar, getragen von grüngewandeten Menschen, Mann und Frau, die sich auf den Weg machten, um bei Büchsenknall und Pulverdampf andere Besserverdienende zu treffen. Zur gleichen Zeit trat der Wanderer von hier aus einen Tagesmarsch an. Dem Monolog der Dame konnte er sich trotz angestrengten Weghörens nicht entziehen.

„Wenn Du das Glas zum Container bringst, wirf bitte die Tüte nicht wieder mit hinein. Du weißt, dass ich sie noch benutzen möchte.
Vergiss bitte nicht, dass wir am Donnerstag bei Webers eingeladen sind. Wenn wir gesellschaftliche Verpflichtungen haben, kommst Du stets zu spät aus dem Geschäft."

Zwei Krähen zankten sich um den Kadaver eines plattgefahrenen Marders und stoben jetzt krächzend davon; aufmerksam blickte ihnen der Mann nach.

„Zum Wochenende hat sich Sylvia angesagt. Als sie zu meinem Geburtstag hier war, hast Du sie schon auf dem Bahnhof beleidigt, und nach drei Tagen hattest Du sie weggeekelt. Ich kenne niemanden, der so widerlich sein kann wie Du. Bitte nimm Dich diesmal zusammen. Sie ist die einzige Freundin, mit der ich über alles reden kann."

Enten stiegen aus dem Morast auf und zogen verschlafen schnatternd ins offene Feld hinaus. Die Augen des Mannes folgten ihnen.

„Der Empfang gestern im *Interconti* hatte Niveau. Dein Teilhaber hat wirklich keinen Aufwand gescheut. Daran solltest Du Dir ein Beispiel nehmen. Bei Dir geraten Feiern stets zu Saufgelagen. Doch wir wären am besten gar nicht hingegangen. Du hast Dich wieder unmöglich benommen. Weißt Du überhaupt noch, dass Du Kurt Müller einen Faulpelz und betrügerischen Pleitier genannt hast? Wir Müllers gehören zu den angesehensten Familien der Stadt; Du bist dagegen nur ein Emporkömmling. Deiner nymphomanen Sekretärin bist Du mal wieder ganz schön an die Wäsche gegangen. Dass Du mir das antun magst. Aber Takt und Diskretion sind Fremdworte für Dich."

Der Wanderfalke auf dem Weidepfahl drehte seinen Kopf nervös nach allen Seiten, um auch die kleinste Veränderung im Gelände nicht zu verpassen. Der Mann beneidete den Vogel.

„Warum gibst Du den Gartenpavillon nicht in Auftrag? Ich hatte Dich so darum gebeten. Die Pläne von Fusch und Partner fangen schon an zu vergilben.
Ich habe Erika versprochen, dass wir am nächsten Freitag zu ihrer Vernissage erscheinen. Du wirst also nicht am Skatabend teilnehmen; das wird Deiner geschwollenen Leber ganz gut tun."

Am Rand der Lichtung traten jetzt fünf Rehe aus. Der Mann griff nach seinem Fernglas.

„Kümmere Dich endlich um eine andere Putzfrau. Die bummelige Trine, die Du aus deiner Stammkneipe angeschleppt hast, macht mich noch wahnsinnig."

Jetzt überholte der Wanderer das Paar und sagte leise, wie zu sich selbst: „Versuchen Sie mal einen Zeitsprung: Glauben Sie, dass Sie in tausend Tagen noch beisammen sind?" Die Nörglerin verstummte; allmählich erschien ein versonnenes Lächeln auf dem Gesicht des Mannes.

Verlaufen

„Wissen Sie, dass ein unzufriedener Gast ein wirksamerer Meinungsmultiplikator ist als ein zufriedener?"

Die Kellnerin antwortete nicht. Sie fläzte sich hinter der Theke, schob den ausgefransten Pullover hoch und kratzte sich unter den Achseln. Eine ihrer von Leberflecken gepunkteten Brüste quoll seitlich heraus. Priapismus, dachte er, manche scheinen eine Dauererektion der Brustwarzen zu haben. Ihre Nippel, die schon aufdringlich die Maschen des Selbstgestrickten gestrafft hatten, wirkten jetzt noch bedrohlicher.

„Weeßte, wo de hier bist, Alter? Hör uff mit die Predigt. Hier kapiert dat keener."

Sie kämmte ihr weißblondes Haar, beugte sich dabei über das Spülbecken, um die Bierzapfsäule als Spiegel zu benutzen. Angeekelt kaute der Gast an seiner Currywurst und nippte am abgestandenen Bier. In der Kneipe hinterm Bahnhof war er noch nie gewesen. Die durch Verdrießlichkeit noch unterstrichene Laszivität der Kellnerin, die vor dem Lokal Wurstpappen und Bierdosen zusammenkehrte, hatte ihn angezogen. Frauen mit schlüpfriger sexueller Ausstrahlung beglotzte er wohlig schaudernd und schikanierte sie lüstern. Den Wutausbruch der Attackierten genoss er dann fast so wie einen Orgasmus. Im Nörgeln war er Meister: Die Karte bot zu wenig Auswahl, die Tischdecke starrte vor Schmutz, die Wurst war zu fett und begann zu verwesen, das Bier im schmierigen Glas war knapp gezapft und hatte keine ausdauernde Blume, der Gestank aus der Küche verdarb auch abgehärtetsten Gästen den Appetit. Die Phantasie eines Querulanten ist unerschöpflich. Sie hatte bei jeder seiner Bemerkungen „Pu" gemacht und ihn durch den Schleier ihrer langen, schwarzen Wimpern angesehen wie die Gottesanbeterin, die sich auf eine saftige Mahlzeit freut.

„Wenn Sie nicht so obzön wirken würden, wäre die Kneipe vermutlich besser besucht."

Sie wandte sich mit einem weiteren „Pu" um und ging hüftenschwenkend zur Theke. Sein Blick wanderte von den schlanken Fesseln zu den braunen, muskulösen Waden, fuhr hoch zu schmalen Knien und sog sich fest an kräftigen Oberschenkeln, deren delikatester Abschnitt von einem fadenscheinigen Minirock dekoriert wurde. Er stellte sich ihre schwellende Scham vor und Irrlichter begannen vor seinen Augen zu tanzen.

„Wat meenste, wat ahms hier los is? Wenn ick so täte wie eine vonne Heilsarmee, wär die Pinte leer. Da kannste dir druff verlassen."

Er überlegte. Lisa war vor Dienstagabend nicht zurück. Seit er ein bürgerliches Leben führte, war ungehemmter Sinnenrausch Luxus geworden. Lisa hatte es gern wohltemperiert. Am liebsten hatte sie es gar nicht. In letzter Zeit erhob sich die halbherzig Umworbene nach gewährter Umarmung geschäftig, als habe sie unnötig Zeit verloren. Sie war beim Koitus genau so gutwillig, wie wenn sie freundlich plaudernd mit ihm frühstückte; eine sichere Methode, ihn zu kastrieren.

Die Nymphe aus der Gosse könnte seiner Not Rettung bringen. Das Gerangel mit der Schlampe würde ihn zwischen Sinnengier und Abscheu hin- und herreißen, was ihn vielleicht in die langvermisste Ekstase treiben würde. Als Student hatte er sich gern von seinen meist verkopften Freundinnen zu einer Hure gestohlen und manches sinnliche Wunder dabei erlebt.

Er brauchte in dieser Straße nur solange zu parken, bis in der Spelunke die Lichter ausgingen. So ein Luder würde sich mit Wonne abschleppen lassen. Doch wenn er sich irrte? Wenn sie sich im Bett ihres Vorstadtmachos ausgelastet fühlte?
Am späten Nachmittag saß er immer noch da, trank schottischen Whisky und konnte sich nicht entschließen. Sie taute sichtlich auf. Den barsch angeforderten Nachschub brachte sie mit einem kleinen Flackern in den Augen, wenn auch ihr Puppengesicht kalte Maske blieb. Er wollte gerade zu einer Art herber Balz ansetzen, als sie ihm zuvorkam.

„Alter, verpiss dir. Wenn Justaff kommt, der schnallt gleich, dat de schon lange hier rumhängst und warum de so ville säufst. Justaff kann Typen wie dir nich faknusen, un der hat ne orndliche Handschrift. Verdufte, wenn de nich als Hackfleisch uffen Hof fliegen willst. Ick ratet dir im Juten."

Lachend taumelte er aus dem Lokal; mit Lachtränen in den Augen berichtete er dem Taxifahrer, der seine Euphorie überhaupt nicht verstand, von seinem Ausflug. Ick hab mir verlofen, lallte er noch vor der Haustür, als er vergeblich nach seinem Schlüssel fahndete, janz furchtbar verlofen hab ick mir.

Alternder Pfau

Solange wir einen jugendfrischen Körper haben, scheint die Freude an der Bewegung grenzenlos. Doch wenn der unvermeidliche physische Niedergang sich durch reibende Gelenke und schrumpfende Bandscheiben unmissverständlich ankündigt und wir sportlicher Aktivitäten mehr als Medizin denn zum Lustgewinn bedürfen, überfällt uns unverhofft eine bleierne Trägheit. Bewegung wird zur erlittenen Pflicht. Widerwillig unterwarf er sich der in der Freizeitgesellschaft obligaten Gesundheitspflege, die ihn regelmäßig auf das Fahrrad oder in den Joggingdress zwang und ihm auferlegte, wenigstens einmal in der Woche im städtischen Schwimmbad in stumpfem Gleichmaß seine Runden zu ziehen.

Die Badeaufsicht wurde abends von Schülern ausgeübt, die dem örtlichen Sportverein angehörten. Sie pflegten während ihres Dienstes Schularbeiten zu machen, sich zu langweilen oder auf Kosten des Hauses lange Telefongespräche mit Freunden zu führen. Man wusste nicht recht, weshalb sie eigentlich da waren, denn für das Treiben der müde plätschernden Poseidonsjünger interessierten sie sich nicht.

Eines Abends saß eine langbeinige und auch sonst gutgewachsene Gymnasiastin im freizügigen Badeanzug am Schaltpult für die verschiedensten Massagedüsen des Bades. Unter langen Wimpern blickten leicht verschleierte Augen lasziv auf das vorwiegend von Herren gesetzten Alters aufgewühlte Wasser. Im Gegensatz zu ihren Sportkameraden schien sie ihre Aufgabe ernst zu nehmen. Denn wie der Schäferhund die Herde, umrundete sie gelegentlich das Becken, hier und dort etwas richtend oder mit einem der Schwimmer einige Worte wechselnd.

Allmählich leerte sich die Halle, bis er schließlich die Wasserfläche für sich allein hatte. Da er sich beobachtet fühlte, gab er den gewohnten Trott auf und besann sich auf seine schulmäßigen Schwimmkünste. Von starken Zügen getrieben, glitt sein noch ansehnlicher Leib wie ein Pfeil durchs Wasser. Kapriolen aus lange vergessenen Jugendtagen fielen ihm ein. Übermütig tauchte er, schlug Salti vorwärts und rückwärts und verstieg sich zum Butterfly-Stil. Dann stolzierte er lässig, ein perlengeschmückter Adonis, an der hübschen Aufseherin vorüber, die sich herbeiließ, seinen Schwimmstil zu loben, und ihm mit hinreißendem Augenaufschlag einen guten Abend wünschte.

Bald wusste er, wann die verlockende Najade jeweils Dienst hatte und war an solchen Abenden immer im Wasser zu finden. Unter den bewundernden Blicken des Mädchens teilte er die Fluten und verließ meistens als

Letzter erschöpft, aber strahlend das Becken, um noch ein wenig mit der Schönen zu plaudern, bevor er unter die Dusche ging. Die süße Lolita erfüllte seine Träume mit lange entbehrtem Zauber, und er fühlte beglückt, dass er sich verjüngte.

An einem gelinden Juniabend atmete er beim Verlassen des Bades die blütenschwere Luft des Frühsommers; wie schön konnte das Leben sein – doch wie leer war es ohne Frauengunst? Spontan entschloss er sich, seine Angebetete zu einem Glase Wein in das nahegelegene Café einzuladen. Er kehrte um und betrat die Schwimmhalle durch den Personaleingang. Das Mädchen saß, ihm den Rücken zuwendend, am Schaltpult und telefonierte. Er wusste, dass die in seiner Jugend gepflegte Art zu flirten out war. Wie begegnete man den Frauen heute? Schon drohte ihn die Courage zu verlassen, und er näherte sich zaghaft dem Kommandostand über das nasse Element, auf dessen Komfortsessel die Begehrenswerte thronte. Eben hörte er sie sagen: „Ich unterhalte mich super. Hier schwimmt regelmäßig ein Grufty, der voll auf mich abfährt. Obwohl ihm der Kalk aus der Hose fällt, macht er irre auf Schau."

Wahrheit

Fürchtenicht hatte in der Strafanstalt die ihm gemäße Aufgabe gefunden. Er ließ nicht den Gottesmann heraushängen, sah sich mehr als mitleidenden Bruder der Häftlinge. Meistens genügte es, zuzuhören. Besonders den Lebenslänglichen, die für mehr als fünfzehn Jahre nicht an ihre freie Entfaltung denken konnten, wendete er sich mit feinem Gehör zu. Manche waren nach der Verurteilung ganz verschlossen und begannen doch unverhofft zu sprechen, nachdem er ihnen Monate mit unermüdlicher Freundlichkeit gegenüber gesessen hatte. Ewald lebte bereits zwölf Jahre in diesem von erfahrenen Psychologen betreuten Hause. Der Pastor wusste nicht, warum er sich bei ihm länger als bei den anderen aufhielt, obwohl der Besuchte stumm blieb. Stärker als bei anderen Gefangenen drängte es ihn, Zugang zu dem in sich gekehrten Mann zu finden. Von den Affekttätern konnte hier nur überstehen, wer sich der Vergangenheit tapfer stellte. Fürchtenicht wurde, ohne den Anspruch zu haben, zum Beichtvater, weil er auf jeglichen eigenen Willen verzichtete. Im Gespräch wurde das Ich des Hirten gar nicht bewusst. Der von seinem Gewissen Gepeinigte sah sich in den Augen seines Mentors in milderer Weise gespiegelt, als er es sich je gestattet hätte. Dann verebbte das Grauen vor den eigenen Untiefen. Wer sich Fürchtenicht anvertraute, dem wuchs Hoffnung, und manche konnten nach langer Quälerei endlich Frieden mit sich schließen. Auf solche Hilfe schien Ewald nicht angewiesen. Das änderte sich erst, als er Aussicht hatte, vorzeitig entlassen zu werden. Der Alltag draußen wurde mächtig, und verdrängte Ängste kamen herauf.

„Frauen bedeuteten mir nichts", begann er unvermutet, „bis ich Marei begegnete. Ich war damals für einen Baumarkt verantwortlich. Die schwarzhaarige, knabenschlanke Frau wurde uns zweimal im Jahr von der Zentrale als Buchprüferin geschickt. Von der ersten Begegnung an hatte sie mich behext. Sie war nicht gerade schön, doch so eine vergnügte Distanziertheit war in ihrem Wesen und zog mich magisch an. Ich verstand mein Geschäft und trat gewöhnlich selbstsicher auf. Doch wenn *sie* mich um Auskünfte bat, begann ich ohne Grund zu stottern. Ich konnte mich in ihrer Gegenwart schlecht konzentrieren und ließ mich von Mitarbeitern vertreten, obwohl ich besessen davon war, ihr nahe zu sein. Irgendwann überwand ich meine seltsamen Hemmungen und lud sie zum Essen ein. Es zeigte sich, dass wir beide Kabarett und Boulevardtheater schätzten. Vom begnadeten Curt Goetz bis zum Skeptiker Albee zog vorüber, was uns begeistert hatte. Ich kümmerte mich um Karten für die ‚Unbesorgten', ein Kabarett mit hoher Sprachkultur, das die Mediendemokratie und ihre Galionsfiguren meisterhaft auf die Schippe nahm. Bald konnten wir uns ein Wochenende ohne solche Akrobaten der Eloquenz oder den Zauber von Zimmertheatern und – ohne einander nicht mehr vorstellen. Ich mietete eine größere Wohnung, und sie lebte meistens bei mir, behielt aber vier Straßen weiter in der Nähe unserer Firmenzentrale ihr kleines Refugium. Wir sagten, was wir dachten, gern in ironischen Wendungen, verbargen unsere Gefühle hinter Wortspielen und konnten doch nicht leugnen, wie sehr wir uns mochten. Mein bis dahin eher eintöniges Leben hatte durch sie Glanz bekommen, obwohl sie nie auf Wirkung aus war. Gerade Männer, die äußerer Schein eher kalt ließ, fühlten sich zu ihr hingezogen. Manche waren auf geistreiche Art charmant zu ihr. Dagegen mochte ich das oberflächliche Tändeln, die schlüpfrige Sprache gewisser Kollegen nicht. Marei konnte sich auf jeden Ton einstellen und ließ sich auch durch stumpfsinnigste Frotzelei nicht irritieren. Ich bewunderte ihre souveräne Art, mit Menschen umzugehen. Aber ich spürte auch, wie schwer ihr diese Rolle fiel. Wenn wir dann abends allein waren, fiel alle Spannung von ihr ab und ihre Stimme verlor den metallenen Klang. Ich hätte mich nie mehr von ihr trennen wollen, fand aber nicht heraus, wie sie darüber dachte." Er schwieg und sah verdutzt um sich. „Wozu rede ich denn darüber?" Verwirrt schüttelte er den Kopf und wandte dem Pastor, wie immer, wenn er ihn los sein wollte, den Rücken zu.

Bei der nächsten Begegnung schien es Fürchtenicht, Ewald hätte auf ihn gewartet. „In der vorigen Woche habe ich wohl reichlich gequatscht", brummte er, und ein verstohlenes Lächeln überzog sein zerknittertes Gesicht. „Reden Sie nur, wenn Ihnen danach ist", erwiderte der

Geistliche. „Ich habe Ihnen noch nicht von Jakob berichtet." Der Strafgefangene hielt sich einen Augenblick die Ohren zu, als belästigten ihn laute Geräusche. „Beide waren wir als Kaufleute im Baustoffhandel tätig. Er tat so, als gäbe es niemanden in der Firma, der mir wohlgesonnener wäre als er. Im Gegensatz zu ihm, der viel genauer und stetiger war als ich, hatte ich mich in unserer Firma bald in eine unabhängigere Stellung hochgearbeitet. Unterschwellig war mir, als hielte er meinen beruflichen Aufstieg für nicht gerechtfertigt. Doch der Ton zwischen uns blieb stets verbindlich. Schon des reibungslosen Geschäftsablaufs wegen herrschte Einvernehmen. Jakob hielt viel von Marei. Gelegentlich wanderten wir in den Bergen der Umgebung zu dritt. Schulmeisterlich breitete er seine guten botanischen Kenntnisse aus. Es berührte mich nicht, dass er – von reger Unterhaltung gefesselt – mitunter den Arm um sie legte, die doch unser beider vertraute Kollegin war, und seine Lippen hie und da wie zufällig ihren Hals oder Oberarm streiften. Ich muss ihn als Neutrum angesehen haben.

Beiläufig erzählte er mir, dass er Marei mit unserem Einkaufsleiter im Schwimmbad gesehen habe. Sie hätten sich ein Badetuch als Liegefläche geteilt und auf dem Rasen herumgealbert. War Marei meiner überdrüssig? Kasserer war ein wahrer Adonis; ich dagegen – Sie sehen es – bin von untersetzter Statur und hatte diese Leibesfülle schon, als ich noch in der Ausbildung war. Lange hielt ich an mich. Doch irgendwann musste die Frage heraus: Kennst Du Kasserer auch privat, kennst Du ihn gut? Sie schwieg; in ihrem Blick lag eine beinahe kindliche Verzagtheit. Ich schämte mich sehr. Offenbar war alles Unsinn, was der Jakob da gefaselt hatte. Doch an einem gemütlichen Abend zu zweit kam nach einigen Gläsern Rotwein wieder mein Argwohn zum Vorschein. Lebensfreude habe ich nie recht genießen können. Hatte ich mich einmal zu Hochgefühlen aufgeschwungen, folgte unausweichlich der Absturz. Ich behauptete, dass ein Bild von Kasserer und ihr sich in meine innere Netzhaut eingebrannt hätte, das sich nicht mehr abstreifen ließe. Marei verstummte; die Stimmung war gründlich gekippt.

Jakob beharrte weiter darauf, die beiden so miteinander gesehen zu haben, wie er es geschildert hatte. Ich versuchte, die Sache zu vergessen, doch Marei und Kasserer, Kasserer und Marei bestimmten den Teufelskreis meiner Gedanken. Ich weiß: Vertrauen ist die edelste Frucht der Liebe. Doch bedenken Sie: Meinen Vater kenne ich nicht. Die Mutter verließ mich, als ich acht Jahre alt war. Eine zänkische Greisin, meine Großmutter, zog mich auf. Einen Freund habe ich nie gewinnen können; wegen meines spröden Charakters kannte ich auch nicht die Geborgenheit, die vielleicht eine Gruppe Gleichgesonnener bietet. Mir war offenbar früh abhanden gekommen, was die Psychologen Urvertrauen nennen.

Sollte ich meine Liebste, die sich mit vielen Menschen in freimütigem Gespräch zusammenfand, jetzt unentwegt belauern? Ich war immer nur für mich eingetreten; sie dagegen war offener als ich, konnte mitfühlend zuhören und hatte sich so in viele Existenzen hineinversetzen können. Erstmals war ich Eigenbrötler aus meiner selbstgewählten Isolation herausgetreten, hatte mich total ausgeliefert, da schwärte schon die Eifersucht in mir, der widerliche Trieb, in Fesseln zu schlagen, was sich aus freiem Willen und freudig hingibt. Tief da drinnen wusste ich, dass Marei nur mir allein zugeneigt war.

Im Herbst musste Marei mit Kasserer zu geschäftlichen Verhandlungen nach Hamburg reisen. Unzählige Male am Tag machte ich mir klar, dass es sich hier um eine Geschäftsreise handelte und nichts sonst. Als ich Marei abends im Hotel anrufen wollte, erklärte mir der Portier, die Herrschaften wären vor zwei Stunden fortgefahren; sie hätten – er bedauere sehr – keinerlei Nachricht hinterlassen. Die Beratungen zogen sich hin, und Marei kam zwei Tage später als erwartet heim. Ich konnte mir zynische Anmerkungen über die Harmonie zwischen den Geschäftsreisenden nicht verkneifen. Marei sah mich unwirsch an, schien spontan etwas erwidern zu wollen, hielt aber an sich. Die stille Übereinstimmung zwischen uns begann sich zu verflüchtigen. Die Geliebte redete nur noch, wenn wir uns über Alltägliches verständigen mussten. – Ach lassen wir das, Herr Fürchtenicht. Sie haben schon genug Lebensläufe zu schleppen."
Er wandte dem Besucher wie gewohnt den Rücken zu und murmelte ein kaum hörbares Danke.

Fürchtenicht tat sein Bestes, wenn Häftlinge, die vor ihrer Entlassung standen, sich auf das bürgerliche Leben vorbereiteten. Ewald war darauf gut gerüstet. Der Vorstand seiner früheren Firma war ihm wohlgesonnen und hatte ihm eine anspruchsvolle Aufgabe in der Verwaltung angeboten. Bedrückt sagte er: „Jetzt werde ich Jakob beinahe täglich sehen. Ob ich das ertragen werde, weiß ich nicht." Er rang um Fassung. Dann brach es aus ihm heraus: „Zwei Jahre lang hat er verstanden, meinen Verdacht gegen Marei zu nähren. Versteckte Anspielungen, mitleidige Blicke, hintergründiges Lächeln. Für jede Abwesenheit Mareis, sei sie geschäftlich oder durch Reisen zu ihrer im Rheinland lebenden Familie begründet gewesen, hatte Jakob eine Erklärung, die Marei *und* Kasserer betraf. Sie ließ sich jedes Jahr mit ihren Brüdern durch den Kölner Karneval treiben. Ich bin nordöstlich des Limes aufgewachsen; die Jeckerei ödet mich an; ein einziges Mal habe ich Marei begleitet. Eigentlich machte sie sich nicht viel aus den tollen Tagen, meinte aber, den Wünschen ihrer Familie gerecht zu werden, wenn sie dabei war. Ich ertappte Jakob, als er im Kreis der Kollegen frohgemut verkündete, seitdem Marei bei uns beschäftigt sei, fahre Kasserer jedes Jahr zum Rosenmontag nach Köln. Später stellte ich ihn zur Rede. Du Armer, sagte er, bist einfach blind für die Wirklichkeit. Um ein Haar hätte ich ihm eine Ohrfeige verpasst, nahm mich aber zusammen.

Am Stadtrand war ein Freizeitzentrum entstanden. Unter anderem wurde auch eine Bowlingbahn betrieben. Einige Kollegen spielten dort am Freitagabend nach Dienstschluss. Man lud uns dazu ein. Es stellte sich heraus, dass Marei sehr geschickt darin war, die Löcherkugel in eine Granate zu verwandeln. Ich dagegen war nie sehr sportlich gewesen, und hier versagte ich völlig. Marei gewann großen Spaß an dem Spiel. Wir gingen bald regelmäßig hin. Meist saß ich missmutig an der Bar und schüttete mir Whisky in die Kehle. Kasserer und Marei waren die Favoriten. Wenn man in Gruppen antrat, spielten sie zusammen. Als sie einmal sehr gut abgeschnitten hatten, umarmte sie ihren Spielpartner spontan und küsste ihn. Mir ging das Getue um läppische Siege auf die Nerven. Später genoss Marei das Sportvergnügen ohne mich.

Nachts lag ich oft schlaflos. Das Licht der Straßenlaterne drang durch den Fenstervorhang. Marei lag auf dem Rücken in festem Schlaf. Ihr schwarzes Haar war wie ein Fächer auf dem Kissen ausgebreitet. Sie atmete lautlos. Tiefer Friede lag auf den Zügen des unschuldigen Mädchengesichts. Nur die Stirn war ein wenig gekraust, als zöge eine aus der Ferne drohende Wolke durch ihren Traum. Herr Gott, wenn Du bist, befreie mich aus dem Netz meiner finsteren Gedanken!

Einförmig und freudlos verrannen die Abende, die wir noch vor Kurzem sehnlich erwarteten. Marei hatte ihre stille Heiterkeit verloren. Wenn sie Kasserer liebte, warum blieb sie bei mir? Waren meine Wutexzesse je wieder gutzumachen? Hatte sie nicht längst beschlossen, sich von mir zu trennen? Ich würde alles erst wissen, wenn die Würfel unwiderruflich gefallen waren. Schritt für Schritt gewann der Wahnsinn an Boden." Ewald stöhnte. Abrupt wandte er sich ab; Fürchtenicht hatte zu gehen.

Wenige Tage vor seiner Entlassung bat Ewald um den Besuch des Pastors. Er entschuldigte sich, dass er ihm in den verflossenen Jahren so wenig zugänglich gewesen wäre, und versicherte, dass er seine geduldige Art stets geschätzt habe. „Sie wissen, dass ich wegen Totschlags an meiner Geliebten verurteilt worden bin. Den Freiheitsentzug habe ich all die Jahre gar nicht so wahrgenommen; ich habe mich mit Kunst befasst; die Anstalt hat eine gute Bibliothek. Meine Selbstanklagen sind dagegen eine Höllenstrafe. Für Augenblicke muss ich in der Gewalt des Bösen gewesen sein. Erlauben Sie, dass ich mit Ihnen zusammen noch einmal zurückblicke:

Vergeblich sucht eine Wespe aus der gläsernen Falle mit Zuckerlake auszubrechen, weil sie das Fangsystem nicht durchschaut. Ich fühlte mich nicht viel anders als ein solches Insekt. Alle Unbefangenheit, der Nährboden der Liebe, schmolz dahin; was uns verband, verdorrte zusehends. Dabei liebte ich Marei mit unsäglicher Glut. Als ich wieder einmal Jakobs Zweideutigkeiten ausgesetzt gewesen war, fuhr ich heim, um endlich Licht ins unerträgliche Dunkel zu bringen. Ich ahnte, dass sie auch jetzt noch mit mir eins war, und konnte mich dennoch nicht bremsen. Sie saß auf der Terrasse, blickte träumend in die Landschaft. Leise sang sie ‚Die Taubenpost', das letzte Lied aus Schuberts Schwanengesang, das ich, der nicht einmal Noten lesen konnte, von ihr so gern hörte. Ihre Altstimme klang ein wenig rauh, welche unwiederbringliche Vertrautheit! Ihr Blick streifte mein Gesicht obenhin, und sie erstarrte. Bist Du seine Geliebte, schrie ich, sag mir endlich die Wahrheit. – Welche Wahrheit willst Du hören, erwiderte sie müde, Deine, meine? Glaubst Du, sie ließe sich einfach so bekennen? Wenn Du nicht fühlst, was wahr ist … Wie ein Lavastrom rauschte das Blut in meinen Ohren; grelle Blitze tanzten mir vor den Augen. Ich umklammerte ihren Hals, riss sie hoch und brüllte: Die Wahrheit, die reine Wahrheit! Als ich zu mir kam, hing sie bleich und schlaff im Sessel. Panisch versuchte ich, ihr Leben einzuhauchen. Doch sie hatte mich bereits verlassen."

Fürchtenicht bewegte das Schicksal Ewalds noch, nachdem der entlassen worden war. Er rief mehrfach bei ihm an, ohne ihn zu erreichen. Endlich wurde doch der Hörer abgenommen. Ewalds Schwester war am Telefon. Ihr Gestammel wusste der Pastor nicht zu deuten. Er verabredete sich mit ihr in einem Café. Als sie ihm gegenübersaß, fiel allmählich die Unruhe von ihr ab, wie es auch so vielen Häftlingen erging, wenn er federleicht seine Hand auf die ihre legte. Sie berichtete, dass Ewald beherzt seine Arbeit im Betrieb wieder aufgenommen hätte. Nach Meinung der Mitarbeiter wäre er wieder ganz der Alte gewesen: umsichtig und zielstrebig.

Nach ein paar Tagen erschien Jakob in seinem Büro. Mit süffisantem Grinsen fragte er: „Na, alles gut überstanden?" Mit einem Satz war Ewald bei ihm. Ein Faustschlag, den dem Behäbigen niemand zugetraut hatte, fällte den Intriganten. Er stürzte so unglücklich in die zersplitternde Glastür, dass ihm die Halsschlagader durchtrennt wurde. Ewald stand wie angenagelt; mit glasigem Blick starrte er auf die sich schnell ausbreitende Blutlache. Plötzlich sog er wie ein Erstickender Luft in die Lungen und begann zu lachen. Den Umstehenden stockte das Blut in den Adern. Er lachte, als ihm der Arzt einen Tranquilizer spritzte; er lachte, als man ihn die Treppe hinunterschleppte, und er lachte noch, als er im Krankenwagen an die Liege gefesselt wurde.

Seine Schwester besucht ihn täglich in der Psychiatrie. Ewald erkennt sie nicht. Mehrmals am Tag erschallt aus seinem Zimmer ein so scheußliches Gelächter, dass sich noch dem abgebrühtesten Pfleger die Haare sträuben. Der ihn betreuende Arzt mutmaßt, er habe wohl für immer sein Gedächtnis verloren.

In der Strömung

Um meinen Selbstgesprächen gelegentlich zu entkommen, hatte ich mich einer Wandergruppe angeschlossen, die an Wochenenden die zerklüftete Mittelgebirgslandschaft heiter durchstreifte, in die unsere Stadt eingebettet war. Das Rudel löste sich schon in Grüppchen auf, wenn es sich vom Parkplatz erst wenige hundert Meter entfernt hatte. Ich fand mich mit Valentin zusammen, einem trinkfesten, wortkargen Mann, den ich bisher nicht ein einziges Mal lächeln sah.

Wenn wir nach anstrengendem Marsch in gemütlicher Runde bei Wein oder Bier saßen, wurde er wegen seiner Schweigsamkeit manchmal gehänselt. Er blickte dann verwundert in die Runde und verteidigte sich nie. Als sie es mit ihm einmal zu arg trieben, mischte ich mich ein: „Auch eine Flut von Worten bringt Menschen selten einander näher. Was uns wirklich bewegt, wird durch Rhetorik eher vernebelt als vermittelt. Keiner von uns würde es wagen, seinen inneren Monolog nach außen zu tragen. Zu sehr fürchten wir, missverstanden zu werden. So bleiben unsere Gespräche meist leeres Gesäusel an der Oberfläche. Valentin wird seine Erfahrungen haben."

Sobald uns auf den langen Märschen niemand zuhörte, berichtete mein Wandergenosse von seinem dilettantischen Bemühen, Hochreligionen miteinander zu vergleichen. Er hatte einen Essay über Gemeinsamkeiten von Buddhismus und Christentum geschrieben, der in einem philosophischen Magazin veröffentlicht wurde und der Fachwelt aufgefallen war. Sein bärtiges Eremitengesicht war von Schwermut gezeichnet. Dennoch spürte ich, dass dieser Mensch einmal lebensfroh gewesen und durch irgendein Ereignis wohl aus der Bahn geraten sein musste. Viele von uns haben Brüche auf ihrem Lebensweg erfahren, die sie nie verwanden. Es wäre mir würdelos erschienen, ihm sein Geheimnis entlocken zu wollen, wenn er es nicht selber preisgab.

Am ersten Samstag des neuen Jahres blies aus Ost ein heftiger Schneesturm. Einige von uns hatten den Aufstieg zur etwa 800 m hoch gelegenen Sebastiansbaude verabredet. Als es losgehen sollte, zeigte sich, dass am gewohnten Ausgangspunkt nur Valentin und ich erschienen waren. Wir warteten die übliche Viertelstunde und machten uns dann auf den Weg. Der Schnee peitschte unsre Gesichter, kroch unter die Kapuze und in die wetterfesten Stiefel. Beharrlich stiegen wir den schroffen Berg hinan. Das Toben um uns verbot jedes Wort. Das mochte meinem Begleiter nur recht sein, dachte ich, und war bemüht, auf dem wegen der dicht fallenden Flocken spiegelglatten Altschnee hin und wieder ausgleitend, Schritt mit Valentin zu halten, der unser Aufbegehren gegen die Kräfte der Natur offenbar genoss. Wir erreichten das Blockhaus erst gegen Mittag. Auch den Wirt hatte es zum Bergkamm hinaufgetrieben, obwohl er gar nicht mit Gästen rechnen konnte. Er kam aus einem Ort, der in der Nähe auf 500 m Höhe lag. Hier hochzukraxeln, war ihm weit leichter gefallen als uns. Ein steifer Grog löste unsere Erstarrung. Das Unwetter schien eine Pause einzulegen. In dieser nebelverhangenen Höhe erwachte das Ich zu sich selbst. Valentin gab sich gelöst und scherzte mit dem Wirt über den zu erwartenden Besucheransturm. Aufgeräumt wagte er derart apokalyptische Wetterprognosen, dass ich uns schon für immer hier festgeschmiedet sah. Als der fußballnärrische Wirt vom letzten Spiel seiner Lieblingsmannschaft berichtete und die in die Bezirks-Liga abgestiegenen Kicker als Laienspielschar bezeichnete, sah ich Valentin grinsen.

Noch vor vier Uhr versank die Sonne hinter zapfenschwangeren, im Eis erstarrten Fichten. Der Dunst über der Ebene ließ die uneinsichtigen Wesen vergessen, die dort unten beharrlich an der Demontage unseres Planeten arbeiteten. Eine mondlose Nacht stand bevor. Jetzt setzte wieder starker Schneefall ein. Wir würden – wenn überhaupt – in tiefster Dunkelheit unseren Parkplatz erreichen. Der Wirt bot uns an, im Alkoven, der zwischen der Außenwand und dem rauchgeschwärzten Kamin entstanden war, zu übernachten. Zwei Schlafsäcke hielte er stets für sich und seine Kellnerin bereit, bekannte er, und leugnete nicht, dass er sie zu beider Freude des öfteren benutzt hatte. Er übergab uns gegen einen Pauschalbetrag die Schankgewalt. Dann trieb ihn die Angst ins Tal zurück, die attraktive Witwe, der er ergeben war, könne bei ihrem charmanten Nachbarn

Schutz suchen, der ihr manchmal bei der Gartenarbeit half und auch sonst mit Handkuss und Süßholzraspeln ihre Nähe suchte.
Mittlerweile tranken wir alten schottischen Whisky, den wir unter Spinnweben hinter der Theke entdeckt hatten. Number 1344, bottled in 1927 for Mr. Gustaf Floppert, lasen wir und waren froh, den wohl längst verblichenen Empfänger beerbt zu haben. Sinnend sahen wir durch die fast blinden Fenster in den Flockenwirbel hinaus und wärmten uns an lodernden Buchenscheiten. Valentins grüne Augen hatten unversehens einen schelmischen Schimmer bekommen. Aus rauhen Kehlen stimmten wir das „Gaudeamus igitur" an und brachten es trotz Gedächtnislücken recht und schlecht zu Ende.
Vom Alkohol umwölkt spannen wir Gedankenfäden, die sich bald verwirrten und hoffnungslos verknoteten. Irgendwann hatte ich eine gar nicht ernst gemeinte Bemerkung über die Rolle der Presse als vierte Gewalt im Staat gemacht und sah erschrocken, wie mein Gefährte rot anlief. Ehe ich mich versah, riss Valentin mich zu Boden und kniete auf meiner Brust. Er hatte Bärenkräfte, und ich fürchtete zu ersticken. „Journalisten sind Schweine", brüllte er. Dann sah er mich entgeistert an, als erwache er aus einem Traum, und ließ mich los.
„Bitte verzeih mir; zuweilen verliere ich die Kontrolle über mich. Ich misstraue jedem, selbst Dir. Wie konnte ich nur an Dir meine Wut auslassen? Du gehörst doch nicht zu denen, die mich in der dunkelsten Zeit meines Lebens in den Schmutz traten. Lieber Freund, glaub mir, ich ertrage mich nicht mehr."

Wir setzten uns. Beschwichtigend lag mein Arm auf seiner Schulter. Er musste wohl aus meinem Blick gelesen haben, dass er sich mir anvertrauen könne. Denn jetzt strömten seine Worte wie ein Sturzbach:
„Schon im Sandkasten waren Peter und ich eines Sinnes. Von der Grundschule bis zum Abitur saßen wir sozusagen auf einer Schulbank. Über Jahre des Wachsens hatten wir eine Streitkultur entwickelt, die sich bewährte. Wir vertrugen uns so gut, dass Mitschüler und später die Kollegen vermuteten, wir wären dem gleichen Ei entschlüpft. Aus Neigung studierten wir beide Biologie und Chemie und verdingten uns, nachdem wir in der Neuen Welt reichlich Erfahrungen gesammelt hatten, beim gleichen pharmazeutischen Unternehmen, dem wir Ingenium und Schaffenskraft widmeten. Peter, neugierig auf andere Menschen wie auf neue Verfahren, leitete den Forschungsbereich der Firma. Ich war nicht so kontaktfreudig wie er und blieb in der Hierarchie gern der zweite Mann.
Mein Freund gründete eine Familie, während ich ledig geblieben bin, nachdem mich das einzige Mädchen, das ich je geliebt habe, verließ. Eine Gewohnheit aus Junggesellentagen wurde von den Seinen nie angetastet: Jeden Sommer verbrachten wir sieben Tage zu zweit auf einer Nordseeinsel vor der niederländischen Küste, auf der wir schon als Schüler ersten Lebensträumen nachhingen. Wir waren gute Schwimmer und wagten uns ins offene Meer hinaus. Die Strömung in den Baljen zwischen den Inseln war eine Herausforderung, der wir uns noch stellten, als wir die Mitte des Lebens hinter uns hatten. Wir genossen

das Risiko, uns an den Rändern der Strömung treiben zu lassen, ohne in ihren unentrinnbaren Sog zu geraten. An einem windstillen Juliabend waren wir weit draußen. Als wir spürten, dass der Scheitel des Hochwassers überschritten war, strebten wir zurück. Kräftige Züge brachten die Küste trotz ablaufenden Wassers schnell näher.

Plötzlich höre ich hinter mir Ächzen und Gurgeln. Erschrocken sehe ich mich um. Peter ist nirgends zu sehen. Seit Monaten ist der sportgestählte Freund wegen Herzrhythmusstörungen in Behandlung. Ich tauche und blicke suchend umher. Dann sehe ich ihn unter der Wasseroberfläche treiben. Ich greife nach seinem Kopf, werfe mich auf den Rücken und ziehe den schlaffen Körper hinter mir her. Die Gegenströmung wird stärker. Anscheinend habe ich beim Rückwärtsschwimmen den Kurs verloren und bin der Balje zu nahe gekommen. Die Beinmuskeln beginnen zu erlahmen. Ich spüre, dass wir uns trotz meines beharrlichen Strampelns von der Insel entfernen. Rote Sterne tanzen vor meinen Augen. Vergeblich bäume ich mich auf. Irgendwann muss ich ihn erschöpft losgelassen haben. Badegäste finden mich besinnungslos am Strand.
Peters Leiche wurde am Abend des folgenden Tages angespült. Meine verworrene Schilderung des Hergangs wurde von den Kriminalisten durchaus verstanden. Der Verdacht auf unterlassene Hilfeleistung kam gar nicht auf. Juristisch war der Fall abgetan. Doch findet das Gewissen jemals Ruhe? Warum hatte ich mich mit Peter so weit hinaustreiben lassen, da ich doch wusste, dass sein

Herz nicht gesund war? Hatte ich wirklich meine letzten Kräfte ausgeschöpft, um ihn zu retten? Wir waren stets unzertrennlich gewesen. Warum blieb ich nicht bei ihm, als er nicht mehr weiterkonnte, und ging mit ihm unter? Es heißt, erst in der Katastrophe lerne man sich kennen. Selbstzweifel wuchsen. War ich der tapfere Kerl, für den ich mich immer gehalten hatte?
Am schlimmsten war die Begegnung mit seiner Frau und den Kindern. Sie machte mir nicht den geringsten Vorwurf. Dennoch hatte ich keine glückliche Minute mehr. Man bestellte mich zum Nachfolger Peters, und ich stürzte mich verbissen in mein Tagewerk. Für immer vorbei waren jetzt die abendlichen Stunden der Besinnung bei Bruckner-Klängen, in denen ich Formeln und Petri-Schalen vergaß. Ruhe wurde zur Qual. Wer sich Versagen vorzuwerfen hat, sehnt sich nach einer Instanz, die Vergebung spendet. Ich begriff, warum das „Te absolvo!" zweitausend Jahre lang in unseren Kirchen erklungen war. Für mich gab es kein Vergessen, keine Erlösung. Meist verließ ich die Labors erst zu später Abendstunde. Nach unzähligen Gläsern Aquavit kam eine trügerische Gelassenheit über mich. Danach lag ich über Stunden schlaflos und fiel erst gegen Morgen in unruhigen Schlummer.

An einem Montag im August holte ich mir wie gewohnt am Kiosk jenes unsägliche Nachrichtenmagazin, das nicht nur informieren, Meinungen transportieren, sondern *Politik machen* will. Nebenher überflog ich die Titelseiten der auslegenden Boulevardblätter. Auf einem

prangte in Balkenüberschrift mein Name. „Bringt Direktor seinen Freund im Urlaub um?", war zu lesen. Zum erstenmal, seit ich urteilsfähig bin, kaufte ich ein solches Schmuddelblatt. Auf der Titelseite wurde in flapsigem Ton berichtet, dass ich meinen kranken Freund in das aufgewühlte Meer hinausgelockt und in den Erschöpfungstod getrieben hätte. Einziger Grund zu dieser perfiden Tat sei mein hemmungsloser Ehrgeiz gewesen. Denn ich hätte im Werk seinen Platz einnehmen wollen. Von einem tüchtigen Anwalt beraten, verklagte ich das Blatt. Ein zermürbendes Gezerre in aller Öffentlichkeit begann, das landesweit Aufsehen erregte. Wie froh war ich jetzt, nicht für eine Familie Verantwortung zu tragen. Obwohl mich der Vorstand unserer Gesellschaft für schuldlos hielt, wurde ich an einen weniger exponierten Platz gestellt. Man fürchtete, dass der Presserummel der Firma schaden könnte.
Ich gewann den Prozess. Die Zeitung wurde zu einer hohen Entschädigungszahlung an mich verurteilt und entließ den zuständigen Redakteur. Aber für Nachbarn und Bekannte blieb ich der des Mordes Verdächtige. Nur wenige Kollegen, die mein inniges Verhältnis zu Peter kannten, begegneten mir mit Verständnis. Allmählich war ich eingemauert von Ablehnung und Häme. Obwohl ich an einer Arbeit saß, von der ich mir die größte Offenbarung in meiner wissenschaftlichen Laufbahn versprach, kündigte ich und verließ meine Heimat. Hier im Norden fand ich in meinem Fach wieder eine interessante Aufgabe."
Schweigend blickten wir in die verglimmende Glut.

Im Vorübergehen

Der eisige Wind trieb welkes Laub in das Wartehäuschen der Haltestelle. Unter dem klappernden Dach solcher Hütte waren Wartende weniger geborgen als unter rauschenden Buchen im Park nebenan. Der hagere, graubärtige Mann ging ungeduldig auf und ab. Für Augenblicke straffte sich seine Gestalt; er hatte nicht gern, dass ihm die sieben überstandenen Jahrzehnte anzusehen waren. Den Tag über hatte der Steuerberater sich mit prüfenden Finanzbeamten herumgeschlagen. Er beriet eine Gärtnerei im Dorf. Die Schlussbesprechung war ein Fiasko gewesen. Fröstelnd zog er den Parka eng um sich. Der Bus hatte bereits zwanzig Minuten Verspätung. Er verließ sich sonst nicht auf öffentliche Verkehrsmittel; doch sein Wagen war in der Werkstatt. Ein Taxi zu rufen, wäre dem Sparsamen nicht eingefallen. Die Verzögerung ärgerte ihn. Er würde zum Kammermusikabend im Kloster zu spät kommen.

In der Dämmerung näherten sich Schritte. Eine vermutlich junge Frau war derart in ihrer Kapuzenjacke verborgen, dass er ihr Gesicht zunächst nicht zu erkennen vermochte. Nach schüchternem Gruß drückte sie sich in eine Ecke des unwirtlichen Schuppens und ließ sich zögernd auf einer verrotteten Bank nieder. Er nahm sein gereiztes Gerenne wieder auf. Unwirsch fragte er: „Ist der Linienbus immer so unzuverlässig? Ich warte schon eine ganze Weile." „Verspätungen sind selten", sagte sie sanft. Einen solchen Alt könnten wir im Chor gebrauchen, dachte er, und nahm sie erst jetzt richtig wahr. Im Schein der eben aufflammenden Straßenleuchte sah sie für wenige Wimpernschläge zu ihm hoch und verschwand dann wieder hinter hochgestelltem Kragen. Die rechte Gesichtshälfte erinnerte in ihrem Ebenmaß an ein Bild von Antonio Canova, das er vor kurzem in der Pinakothek sah. Die andere Hälfte war von einer flammenden Narbe gezeichnet, die sich wie ein Peitschenhieb von der hohen Stirn bis zum Unterkiefer hinzog.

Es war dunkel geworden. Er hatte inzwischen über Funktelefon seinen Sohn erreicht, der ihn in einer halben Stunde abholen würde. „Gibt es ein Café oder eine Kneipe im Ort?", fragte er. Sie schüttelte den Kopf. „Wenn Sie ins Stadtzentrum streben, können Sie mit uns fahren", bot er an. Sie nickte dankbar. Er musste sie zum Sprechen bringen, noch einmal diesen Klang vernehmen. „Musizieren Sie?", fragte er unvermittelt. „Ich bin in einer Gruppe, die Countrymusic macht. Ich singe gern." Etwas Beschwichtigendes war in ihrer Stimme. Im Geschäftsleben hatte er es oft mit attraktiven, doch hartgesottenen Frauen zu tun. Dieses Mädchen schien ihre Weiblichkeit noch nicht verloren zu haben. „Könnten Sie sich vorstellen, in einem Kirchenchor zu singen?", fragte er. „Ich kenne einige Kantaten von Bach", bekannte sie. „Kommen Sie doch zu einer Chorprobe nach St. Johannes. Ich würde mich freuen."

Auf die Rückseite seiner Visitenkarte kritzelte er die Adresse des Gemeindehauses und die Probentermine. „Ich weiß nicht, ob ich solchen Anforderungen gewachsen bin." Ihr Lächeln wärmte ihm das Herz. Ein Wagen jagte heran und bremste. Er hielt den Schlag auf. Der Sohn streckte ihr lässig die Hand hin. „Meiering", sagte sie leise. Nur ein Wort – und welches wunderbare Schwingen der Stimmbänder! Während der Fahrt Schweigen. Der Sohn war wortkarg von Natur. Der Alte überlegte, ob er sie mit seiner Einladung genötigt habe. Am Markt stieg sie aus. „Wir proben am nächsten Donnerstag. Wenn sie zuhören wollen, würde ich Sie mit dem Wagen abholen und wieder heimbringen. Rufen Sie mich an." „Sehr freundlich von Ihnen. Die Rolle steht Ihnen gut." „Welche Rolle?", fragte er verdutzt. „Na, sind Sie nicht Robin Hood, der die Witwen und hilflosen Waisen beschützt?", fragte sie mit gutmütigem Spott. Wieder dieses Vibrato in der Stimme. Schnell war sie aus dem Kegel der Straßenlaterne ins Dunkel entschwunden, und es schien, als hätte es sie nie gegeben. „Das ist keine Unschuld vom Lande", sagte der Sohn. Ihn schmerzte der Sarkasmus. Ich hätte ihr begegnen mögen, als ich zwanzig war, dachte er. Doch am Abend im Kloster hatte er sie vergessen.

Endura

Nach allem, was ihn im Gewoge des Lebens bewegt hatte, waren nur zwei große Themen geblieben: die Liebe und der Tod. Dankbar blickte er auf ein erfülltes Leben zurück. Seine Umgebung nahm ihn immer weniger wahr und spiegelte damit sein abnehmendes Interesse an der Welt. Als einmal Wochen vergangen waren, ohne dass seine Stimmbänder in Schwingungen gerieten, begriff er, wie weit er sich von seinen Vätern entfernt hatte, die erst als Gesellige wirklich vorhanden waren. Er stellte das ohne Bedauern fest, hatte ihn doch seit einigen Jahren bei jeder Verbindung, die abriss, ein Aufatmen erfüllt. Der stete Schwall von Worten brachte ihm die nicht näher, die er als Reifender einst für seine Nächsten gehalten hatte. Im Gegenteil schien die Sprachflut den Abgrund noch tiefer auszuspülen, der ihn von den der Zeit Verfallenen trennte. Gelegentlich erschien ihm seine Vereinzelung abnorm, und er hatte zu den wohlbekannten Fremden hinübergerufen oder jenen zugewinkt, die er in zeitweiliger Euphorie als Vertraute angesehen hatte. Seine Gesten wurden zögerlich und verwundert erwidert. Nie spürte er klarer als bei solchen Gelegenheiten, dass er von der sich dicht aneinander drängenden Herde ausgeschlossen war. Von jung auf hatte er sich nach dem einen Menschen gesehnt, der ihm Antwort sein könnte auf die Frage nach den Wurzeln des Seins. Er sah ihn vor sich,

den es nicht geben konnte, den stolzen Zarathustra unserer Zeit, erhaben über die schwächlichen Impulse des Augenblicks. Einzig die beiden Frauen, denen er in großer Zärtlichkeit verbunden gewesen war, hatten Licht in sein Bewusstsein gebracht. Da sie ihn liebten, schauten sie ihm auf den Grund und ertrugen den, der er war. Weil er sie nicht weniger leidenschaftlich liebte, blühte er unter ihren Blicken auf zu großer Gestaltenskraft, die wie ein Strohfeuer verglomm und in den Niederungen des Alltäglichen verkam, als sie ihn verließen. Heute sieht er deutlicher als damals, wie geduldig und einfühlsam sie ihm begegneten. Von ihnen lernte er, dass zwei unendlich viel mehr sind als einer. Verehrend neigt er sich vor den Letzten ihres Geschlechts, die noch starker Gefühle fähig gewesen waren und immer in seinen Träumen bleiben würden.
Er entrümpelte sein Haus und vermietete es. Ohne Bedauern ließ er das Dorf in der Börde hinter sich. Hier hatte sich sein Ich gespalten, weil er eigenes Denken maskieren musste, um ein bisschen dazuzugehören. Sollte die verbliebene Spanne Zeit ihn über den bisherigen Horizont hinausbringen, dann musste er von aufgenötigten Gewohnheiten Abschied nehmen.

Nach wenigen Stunden Bahnfahrt erreichte er das Hochgebirge. Dem Gratler-Sepp war er schon vor Jahrzehnten begegnet, als er in dieser verwandelnden Landschaft noch mit denen wanderte, die auch in seinen ärgsten Obsessionen zu ihm standen. Der greise Bergbauer wunderte sich kein bisschen, als er ihm jetzt die verfallene Hütte unter dem Widderhorn zu einem Wucherpreis abkaufte. Der Bauunternehmer am Ort richtete den Schuppen ein wenig her. Installateure und Maler taten kopfschüttelnd das Notwendigste, um den alten Steinhaufen bewohnbar zu machen. Außer der Bücherkiste und dem Minicomputer, die ihm der Regentaler-Toni mit seinem Maultier heraufschaffte, hatte er aus Norddeutschland nichts mitgebracht. Das hier seit Väterzeiten in den Schränken gammelnde Bettzeug und Geschirr genügte ihm vollauf. Bevor die Herbststürme begannen, hatte er den Brennholzvorrat für den Winter zusammengetragen, zersägt und gespalten. Ende September fiel der erste Schnee und wich erst, als es im Tal längst Frühsommer war. Wenn die Natur nach eisigen Monaten erwachte, war er früh auf und wartete geduldig, bis die Sonne hinter der in Jugendtagen oft bestiegenen Grünspitze aufging, streifte dann als nur mit Augen bewaffneter Jäger über das Hochplateau unter dem majestätisch aufragenden Fels. Zäh duckten sich Steinbrech, Silberwurz, Leimkraut und Alpenröschen dicht an den Boden; nur die breit wuchernden Latschenkiefern wagten sich höher hinaus. Hier gedieh nur das Anspruchslose. Denn der Sommer war kurz, die Nächte auch im Julimond kühl, die Verwitterungsschicht, die das Leben trug, blieb hauchdünn und war ständig von Erosionen bedroht. Mufflons blickten mit glashellen Augen ohne Scheu auf ihn herab. Er gehörte dazu. Gern döste er, wenn es das Wetter zuließ, im Mittagslicht auf der Bank vor der Hütte, zitierte dabei aus sicherem Gedächtnis: Den ruhelosen Faust am Ostermorgen,

Marquis Posa in der Einsamkeit des Unbestechlichen, Hamlet, den melancholischen Zauderer und die Liebeslieder von Hermann, dem Lauscher. Bei einsetzender Dämmerung hieb er mit ungebremster Wut auf seinen Laptop ein; denn Gedanken zu haben, die nicht zur Schrift erstarrten, war ihm unerträglich.

Wenn abends die stinkende Ölfunzel den engen Raum matt erleuchtete, saß er über dem Johannesevangelium. Es war ein vagerer Bericht, als die Synoptiker ihn gaben, und überzeugte doch viel mehr als sie: „Am Anfang war das Wort, und: Das Wort ward Fleisch und wohnete unter uns ..." und: „Er kam in sein Eigentum, und die Seinen nahmen ihn nicht auf ...". Wer nur aus dem Wort gelebt hatte, seit er sich artikulieren konnte, gierig lesend und sich durch Schreiben befreiend, war mit Johannes einig. Erstaunlicher Ratschluss der Konzilsväter, den schwer verdaulichen vierten Evangelisten in den Kanon aufzunehmen. Die Gedanken der Katharer wurden wieder mächtig in ihm, die ihn in frühster Jugend für sich einnahmen, und die er auch später nie vergaß. Er hatte in den Edelmütigen, die sich lieber verbrennen ließen als abzuschwören, stets die eigentlichen Nachfahren Christi gesehen.

Er dagegen war feige gewesen. Er meinte, sich in einer erfolgsbesessenen Gesellschaft behaupten zu müssen und hatte sich dabei vom überlieferten Humanum weit entfernt, das jedem von uns als Kompass eingegeben ist. Ein Angepasster war er gewesen wie alle um ihn herum. Jetzt erst gewann er Würde. Hier auf dreitausend Metern

Höhe, allein mit sich und dem, was aus ihm heraussprudelte an Ursprünglichem, war er seiner selbst gewiss. Er war der Welt erlegen, hatte genau so geschachert, getäuscht und gelogen wie seine Nachbarn.

Vergeblich hatte er nach dem Makellosen gesucht, der ihm das Consolamentum bringen würde, indem er die Fessel durchtrennte, die ihn an das kleinliche Treiben der Heutigen band.

Als der Nazaräer diese Erde betrat, schien der Rächergott des Alten Testaments vergessen. Wen hatte Jesus für seine Ideen gewonnen? Schriftgelehrte etwa und Theologen? Nein, schlichte Handwerker und Fischer, die dem Faszinosum Menschenliebe erlagen. Doch sein Zeugnis vom liebenden Gott wurde bitter widerlegt, als er am Kreuze starb. Welcher unerträgliche Heilsplan Gottes: Der Allmächtige liefert den eigenen Sohn Folter und Todesqual aus, um uns Schwächlinge vor der Auflösung im ewigen Nichtsein zu bewahren. Wein soll sich unter den Beschwörungen der Priester in das Blut Christi verwandeln? Nie würde er einen Tropfen davon über die Lippen bringen.

In der Klarheit des Hochgebirges würde er der Welt absterben und versuchen, aus eigener Seelenkraft ein Parfait zu werden. Sobald er nur einen Zipfel des Göttlichen zu fassen bekäme, könnte er dieser Welt entkommen. Einmal in der Woche trat er auf Skiern den mühseligen Marsch ins Tal an, um Nahrung zu besorgen.

Im Dorf unten behandelte man ihn respektvoll. Eremiten waren in diesem Lande gar nicht selten.

Aus seiner Heimat drang wenig Kunde in die Alpenwelt. Die Kinder schrieben ihm freundlich. Zwischen den Zeilen las er, dass sie den Wandel in seinem Leben nicht verstanden und mutmaßten, er hätte seine Grundsätze verraten. Menschen, denen er sich verbunden geglaubt hatte, suchten nicht den Kontakt zu ihm, wie auch er sich bei ihnen nie mehr meldete.

In Musik geborgen hatte er den Wirrnissen des Lebens widerstanden. Bach, Beethoven und Wagner waren seine Hausgötter gewesen. Den Schluss-Chor der „Matthäuspassion" oder das Vorspiel zum „Parsifal" hatte er zelebriert wie Geistliche den Gottesdienst. Jetzt hatte er sich Schweigen verordnet. Doch in seinem inneren Ohr rissen die Tonfolgen nicht ab. Sein Gedächtnis hatte eine Fülle symphonischer Passagen Note für Note bewahrt. Dennoch darbte er; Polyhymnia stirbt, wenn sie stumm ist. Schließlich hielt er es nicht mehr aus. In Oberstdorf lieh er sich einen Abendanzug und fuhr nach München. Die Aufführung des „Tristan" genoss er wie ein Fest. Das Individuum zerrann und ging auf im unendlichen All des Klangs. Die Gewaltigste der Musen erweckte ein anderes Sein in ihm, und er war mehr denn je überzeugt, dass alle Künste den Ursprung in ihr hatten. Wochen tiefster Stille folgten. Die Laute des Hochgebirges – Murmeltierpfiff und Adlerruf, das Zerren des Sturms an den Dachschindeln, an maroden Fensterläden und das von der im

Zenith stehenden Sonne ausgelöste Steingeprassel – gaben den Hintergrund für Harmonien, die ihn durch den Tag trugen. Er verließ die Einöde nur noch zweimal: Die in Zürich aufgeführte „Missa solemnis" sog er in sich ein und ergab sich in Salzburg der majestätischen „Siebten" Bruckners, die als Requiem für Wagner gemeint war. Dann verließ er die Ebene unter dem Widderhorn nur noch, um heraufzuholen, was er nicht selber herstellen konnte. Einmal hatte sich der wohlgenährte Pfarrer den Berg hinaufgeschleppt, um mit ihm zu plaudern. Vielleicht war der *Mater Ecclesia* ein verlorenes Schaf zu gewinnen. Doch der Gast wendete sich mit Grausen, als der braungebrannte, von zottigem weißen Haar gekrönte, frohe Greis ihm das Leben der Reinen auf der Feste Montségur schilderte, denen er nachzueifern gedachte.

Im Flachland hatte ihn jedes Jahr im Spätwinter, wenn die Immunkräfte schwanden, eine Bronchitis heimgesucht. Hier oben in der klaren Luft litt er nicht mehr unter Erkältungen. Die Jahre gingen hin, Jahre der Besinnung und sprühender Funken der Erkenntnis. Als mit dem Ausklang eines verregneten Sommers die ersten Stürme tobten und eine dichte Schneedecke Fels und Pflanzen begrub, erwachte er an einem der wenigen sonnenhellen Tage stark fiebernd. Heftige Hustenanfälle schüttelten ihn. Er verstand das Signal: Der Grad der Läuterung war erreicht, der ihm den Weg ins andere Reich öffnete. Bevor seine Kräfte schwanden, stand er auf seinen Skiern, stützte sich auf selbstgeschnitzte, knotige Stöcke und stieg bergan.

Im nächsten Frühjahr fand man seine Leiche in dem Felskamin, den im Sommer nur trittsichere Wanderer als Aufstieg zum Gipfel des Widderhorns nutzen. Zwei Drittel der Strecke hatte der erfahrene Kletterer bereits geschafft, als ihn der Frost einholte. Verwundert sahen sich die Gläubigen an, als der Pfarrer gegen Ende der Heiligen Messe mit bewegter Stimme für den Einsiedler betete, der sich des Enduras anheim gegeben habe.

Kamaswami
– in Verehrung für Hermann Hesse –

Das Bankhaus hatte sich trotz fallender Aktienkurse im Anlagegeschäft gut behaupten können. Kamaswami war ein vorsichtiger Mann. Seine römische Nase schien ständig zu wittern. Das Informantennetz des Geldhändlers war dem von Presseagenturen weit überlegen. Kein Statement führender Weltwirtschaftsinstitute ließ er unberücksichtigt. Seit er das Zentrum seines Imperiums von Neu Delhi nach Paris verlegt hatte, gingen die Geschäfte der in Europa etablierten Großbanken stark zurück. Die durch den trügerischen Sog der New Economy und das Vagabundieren von Kapital schnellem Wandel ausgesetzte Weltwirtschaft verschaffte ihm ein Spielfeld ohne Grenzen.

Den Global player scherte es nicht, dass als Folge weltweiter Verknüpfungen in den Ländern, die bisher in der Wirtschaft den Ton angaben, Betriebe reihenweise Konkurs machten und Hunderttausende ihre Arbeit verloren. Achtzehn Stunden am Tag hatten ihn seine Geschäfte im Griff. Der Vater hatte noch mit Waren gehandelt und war durch Termingeschäfte wohlhabend geworden. Er hingegen bewegte, seit er in Zahlen denken konnte, nichts als Geld, das ihm vorwiegend honorige Leute anvertrauten, doch auch wenn es aus trüben Quellen kam, von seiner Bank gewissenhaft betreut wurde. Im vergangenen Jahrzehnt war dieser mit unzähligen Tentakeln zupackende Finanzkrake ins Gigantische gewachsen.

Im 19. Jahrhundert hatte ein gewisser Schopenhauer bekundet, für ihn sei Geld gemünzte Freiheit. Kamaswami hätte eigene Grundsätze nicht treffender darstellen können als der Philosoph. Für ihn war diese Art Freiheit der Kern des Seins. Kümmerlich erschien dagegen der Einfluss, den Präsidenten oder Kanzler – ganz gleich, ob sie sich für konservativ oder fortschrittlich hielten – im demokratischen Europa hatten. Sie blieben in ständigen Zwist mit Parlament, Verbänden und Ministerialbürokratie verstrickt. Mochten sie als Oppositionelle hoffnungsvolle Perspektiven noch so überzeugend dargestellt haben, waren sie erst an der Macht, bewegten sie nichts mehr. Der aussichtslose Kampf der Macher gegen den Apparat war zum Kennzeichen moderner Staaten geworden. Mit leichter Hand und lustvoll übte er dagegen seine Macht aus. Die Gesetzgebung war über Jahrzehnte von der Wirtschaft geprägt worden und gab ihm so große Handlungsfreiheit, dass die Vertreter des Volkes neben ihm wie willenlose Marionetten aussahen.

Wenn in der Loge, der er angehörte, Träumer von der Verantwortung faselten, die die Starken für die Schwächeren trügen, gingen ihm die Ohren zu. Sozialistische Gedanken, die auch nach dem Niedergang des Ostens von sentimentalen Bänkern gelegentlich geäußert wurden, erschienen ihm grotesk. Moral war bei Geschäften überflüssig. Er war doch kein Unmensch! Doch anders als die Gestrigen hatte er die Einsicht in das Notwendige.

Im Gegensatz zu manchen Geschäftspartnern in Europa, die im Lions-Club oder ähnlichen wohltätigen Bünden ihr Gewissen entlasteten, war der Inder mit sich im Reinen.

Sein Nachfolger war ein intelligenter, hübscher Knabe, den Zeus sicher gern als Ganymed an seiner Tafel gesehen hätte. Das Geschäft des Vaters interessierte ihn schon, als er eben die Prozentrechnung verstanden hatte. Selbst als die geschätzte Gattin wütend von Bord ging, weil sie ihre Kinder vor dem Verächter der Musen schützen zu müssen glaubte, hielt der Älteste treu zu ihm. Sie kamen in ihrem unordentlichen Männerhaushalt gut miteinander aus, denn sie hatten nur geringe persönliche Bedürfnisse. Der wöchentliche Geschäftsbericht ihres Hauses verschaffte beiden so großen Genuss, dass sie auf einen Lebensstil à la Rossini durchaus verzichten konnten.

Nach dem Abitur studierte Pandit an einer privaten Elitehochschule Wirtschaftswissenschaften und – auf Wunsch des Vaters – Psychologie. Als er an der Seite des Tycoons die Arbeit aufnahm, hatte er in den renommiertesten Bankhäusern Europas und der Neuen Welt volontiert. Seine Nase schien noch besser zu sein als die des Vaters. Er blickte den Seelen seiner Geschäftspartner schon nach kurzem Gespräch auf den Grund. Täglich spielten sie sich die Bälle in dem Bewusstsein zu, dass der Glanz ihrer Bank von Jahr zu Jahr heller leuchten würde. Gab es größeres Glück für einen Mann, als sein Werk für die kommende Generation in guten Händen zu wissen?

Doch ein Schatten fiel auf das blühende Finanzreich. Seit kurzem war der Sohn nicht mehr leidenschaftlich bei der Sache. Sein guter Instinkt versagte hier und da. Manche Geschäfte gingen schlecht aus. Die Bilanz würde einen Knick bekommen. Das Klima zwischen den beiden Männern trübte sich. War der Junge verliebt oder haperte es mit der Gesundheit? Selten hatte es ein privates Wort zwischen ihnen gegeben. So redselig und wortgewandt die beiden Bänker bei ihren Geschäften waren, wenn sie – was die Sucht nach neuen Handelskontakten selten zuließ – den Abend zu Hause verbrachten, blieben sie bei Jazz-Klängen und schottischem Whisky mit Eis und ohne Soda einander zugeneigt, doch stumm.

Je weniger sich der Sohn auf die Arbeit konzentrierte, um so unruhiger wurde der Vater. Eines Abends nahm er sich ihn vor. Der Rückgang der Umsätze sei alarmierend. Längst sei die Konkurrenz aufmerksam geworden. So dürfe es nicht weitergehen. Lächelnd sah ihn der Sohn an. Kamaswami der Ältere liebte diesen Sphinxblick, der dem Partner Offenheit signalisierte und die eigene Taktik verbarg.
„Ich habe den Nachlass einer Nebenlinie der Kamaswami, den wir uns erstritten, genau durchgesehen und nicht nur Immobilien und Gold gefunden." Besänftigend wie immer klang Pandits Stimme, die dem Gegenüber nie verriet, ob er kaufen wollte oder sich nur informieren. Doch der Alte war auf der Hut. Ein Unwetter schien sich anzukündigen. „Weißt Du, dass Siddhartha einen ganzen Monat hungern konnte, ohne dass ihm wirklich etwas

fehlte?" „Wer ist Siddhartha?" Der Vater durchblätterte sein Gedächtnis. „Ein Einsiedler, der vor Generationen der Freund eines unserer Vorväter wurde", sagte Pandit. „Er hatte von den Früchten des Waldes gelebt und viel nachgedacht. Als bettelnder Samana kam er in jene Stadt, wo unsere Sippe damals den Ton angab. Weil er sich in eine vom Luxus verwöhnte Kurtisane verliebte, deren Zuneigung er gewinnen wollte, ließ er sich auf urbane Regeln ein, die er eigentlich verachtete. Bei einem der Unseren lernte er das Kaufmannsgeschäft und wurde wohlhabend." Ach so, ein Spinner war vernünftig geworden und hatte endlich noch einen anständigen Beruf erlernt. Die Anspannung des Vaters schwand. „Er blieb ein Samana, auch als er steinreich wurde", sagte Pandit. „Gewinn nahm er so gleichmütig hin wie Verlust. Für ihn war der Handel ein Spiel, an dem er nicht mit dem Herzen beteiligt war." Na ja, mit solchen nachlässigen Kaufleuten hatte man gelegentlich zu tun. Was war daran bemerkenswert? Der Alte wollte schon auf ihre geschäftliche Misere zurückkommen, als der Sohn seinen Faden fortspann: „Von der Jagd nach Besitz war Siddhartha bald angewidert. Er verließ seine schöne Gespielin, entließ das Heer der Diener, schloss sein prunkvolles Haus und ging in den Wald zurück." „Warum erzählst Du mir das?", fragte der Bänker ungeduldig, „Narren gab es zu allen Zeiten und wird es weiterhin geben." Irritiert wandte er sich ab. Mit dem Jungen war heute nicht zu reden. Doch bevor die Tür hinter ihm ins Schloss fiel, hörte er Pandit sagen: „Unser Vorfahr fiel in tiefe Melancholie. Eines Tages verkaufte er alles, was er besaß, stiftete es einem Kloster Buddhas und folgte seinem früheren Lehrling in den Wald. In den Annalen, die ich im Nachlass fand, wird berichtet, dass er trotz Hungers, Durstes und Obdachlosigkeit einen heiteren Lebensabend gehabt habe."

Am Abend bat Kamaswami der Ältere seinen Sohn, ihm die Aufzeichnungen des Vorfahren zu zeigen. „Ich kann denken, warten und fasten", hatte Siddhartha gesagt, als jener alte Kaufmann ihn nach seinen Fähigkeiten fragte. Das alles konnte der heutige Kamaswami doch auch. Er hatte Ansehen und Einfluss nur gewinnen können, weil er zu scharfsinnigem, abstrahierendem Denken fähig war. Ohne warten zu können, wäre er im Aktienpoker der Spielball täglicher Börsenlaunen geworden. Und fasten? Nun, er aß und trank, um sich die Schaffenskraft zu erhalten. Doch wichtig war ihm das nicht. Wenn es an den Schalthebeln seines Hauses turbulent zuging, vergaß er tagelang, sich zu ernähren. Was den Altvorderen damals zu den Samanas in den Wald getrieben hatte, war für den modernen Menschen ohne Bedeutung. Die bettelnden Mönche lebten in ihrer eng umgrenzten Welt und trugen nichts zum Fortschritt der Gesellschaft bei. Er musste sich damit nicht befassen. Sein Leben bot so viel Genugtuung, Sieg reihte sich an Sieg.
Doch konnten die Anhäufung von Vermögen und der Genuss wirtschaftlicher Macht dem Leben Sinn geben? Gelegentlich vermisste er das große Atemholen nach der Schlacht, dass er als Freizeitmanie bei seinen Mitarbeitern stets belächelt hatte. Nach dem Slalom durch einen

heißen Börsentag kam er abends nicht so leicht zur Ruhe. Dann überfiel ihn wie ein Fieber die Sehnsucht nach der Frau, die ihn frustriert verlassen hatte. Vermutlich hatte er sie geliebt, liebte sie wohl noch immer. Doch wenn sie sich mit einer der Partitur Bachs abmühte oder mit kaum wahrnehmbarer Stimme Verse des verstörten Hölderlin vorlas, wenn sie hingerissen war von den Konturen, Farben, Düften einer Landschaft, dann war sie so meilenweit von ihm entfernt gewesen wie er von ihr. Seit Jahren hatte er die bei der Mutter lebenden Kinder nicht mehr gesehen: Die in praktischen Dingen so ungeschickte Tochter, die als Pianistin ihr Brot verdiente, oder den Jüngsten, dessen Schweigen er nie hatte durchbrechen können, und der sich heute als Streetworker um die am Rande der Zivilisation Vegetierenden kümmerte. Weil sie nicht geworden waren, was er aus ihnen hatte machen wollen, verschwanden sie aus seinem Bewusstsein. Als er sie vermisste und eine Brücke zu ihnen schlagen wollte, hatte er sie längst verloren. Viel war ihm entgangen, weil er Menschen, die nicht von der Sucht nach wirtschaftlicher Geltung getrieben wurden, nicht ernst nahm. Er gehörte doch auch zu den Kindermenschen, von denen Siddhartha gesprochen hatte.

Schluss mit dem Unsinn! Mit gewohntem Elan kehrte er zu den Aufträgen zurück, die er sich noch strenger als jeder Kunde erteilte. Grillen waren ihm durchs Hirn geschwirrt. Er würde sie zu vertreiben wissen, und dem Sohn würde er solche Phantastereien auch nicht mehr durchgehen lassen.

Wird der alte Kamaswami vom Leben Siddharthas unbeeindruckt in seinem Reich weiterherrschen oder werden seine Skrupel wachsen? Wird der Sohn ihm auch künftig treu zur Seite sein oder nach gründlicher Lebensbilanz einen ganz neuen Kurs einschlagen?

Geduldiger Leser, der du mir bis hierher gefolgt bist, ich überlasse es dir, diese Geschichte fortzuführen. Kommst du über deine Herkunft, deine Vorurteile hinaus, hast du Kraft und Seelentiefe für Utopien?

Ein Flegel

Der ICE nach München hatte in Hannover kurzen Aufenthalt. Reuter blickte zerstreut über die auf dem Bahnsteig vorübereilenden Menschen hinweg. Der Großraumwagen war fast leer, und er hoffte, dass er weiterhin ungestört bleiben würde, um sich auf die bedrückenden Kommentare im Wirtschaftsblatt konzentrieren zu können. Er hatte bei Aktiengeschäften viel Geld verloren, und es ging weiter bergab. Ein etwa zwölfjähriger Junge drängte sich polternd durch die Tür und warf seinen Rucksack achtlos auf einen der Sitze. Er nahm den Fensterplatz Reuter gegenüber in Besitz, indem er sämtliche Verstellmöglichkeiten von Lehne, Lüftungsdüsen und individueller Beleuchtung durchprobierte. Reuter war leicht genervt. Mehrmals sah er den Zappelphilipp mit strenger Miene an, der jetzt eine Tüte mit Kartoffelchips auspackte und geräuschvoll kaute. Seine braungebrannten Knie lugten durch große Löcher in den ausgebleichten Jeans; das Hemd hatte er wohl seit Wochen nicht gewechselt. Als der Getränkewagen vorüberkam, holte sich der Junge einen Becher mit Cola, den er so nachlässig auf dem Tischchen am Fenster abstellte, dass er beim Anrucken des Zuges umkippte. Braune Spritzer verunzierten Reuters Hose. Der Bengel kam gar nicht darauf, sich zu entschuldigen. Reuter unterdrückte seinen Zorn.

„Bist Du ohne Eltern unterwegs?"
„Klaro."
„Ist jemand im Zug, der Dich begleitet?"
„Nö."
„Könntest Du wohl etwas gesprächiger werden?"
„Warum?"
Reuter verstummte und vertiefte sich wieder in den Börsenteil seiner Zeitung. Unverhofft sagte der Junge:
„Fahre immer allein. Macht mehr Bock."
„Und wohin fährst Du?"
„Bis Grainau."
„Hast Du dort Verwandte?"
„Nö, muss auf die Zugspitze."
„Du musst dorthin?"
„Soll der höchste Berg in Deutschland sein. Da muss ich rauf."
Jetzt erst sah Reuter, dass der Junge Wanderschuhe trug, die für leichte Klettertouren durchaus geeignet waren. Ein Bergwanderer und dabei noch ein Kind. Reuter fing an, sich für den Jungen zu interessieren.
„Lassen Dich Deine Eltern ohne Weiteres fahren, wohin Du willst?"
„Mama ist fort."
„Warum fährt Dein Vater nicht mit Dir?"
„Papa ist meist blau, kriegt gar nicht mit, ob ich zu Hause bin oder nicht."
Der Zug hielt in Göttingen. Eine junge Frau schwebte durch den Gang, nahm auf der gegenüber liegenden Seite am Fenster Platz. Eine Sylphide, zart, zerbrechlich, das Make-up leichenbleich, wahrscheinlich ein Model. Sie

war in eine schleierartige, durchsichtige Toga gehüllt. Die herüberziehende Parfumwolke war von aufdringlicher Süße. Jetzt nahm sie ein Frauenjournal aus ihrer Tasche und begann zu blättern. Reuter und der Junge sahen sich grinsend an. Einverständnis über den Abstand von sechzig Lebensjahren hinweg: Das war nicht die Frau, um die sie sich ein Bein ausreißen würden. Die Augen des Jungen glitzerten übermütig. Er stand auf.
„Na, Puppe, wat liest De?"
Irritiert blickte sie auf.
„Geht Dich das etwas an?"
„Nö, ich frag ja bloß."
Er setzte sich ihr gegenüber und starrte sie unentwegt an. Dann rutschte er tiefer im Sitz, sodass seine groben Stiefel gegen ihre Pumps stießen. Ihr Gesicht gefror zur Maske.
„Du siehst krass aus."
Reuter wurde es ungemütlich. Schließlich raffte er sich auf.
„Ich gehe in den Speisewagen. Begleitest Du mich?"
„Geben Sie was aus? Ich hab nicht genug Knete."
„Ich lade Dich ein."
„Klar komm ich mit. Hunger hab ich immer."
Peter bestellte sich auf Reuters Kosten eine Riesenbockwurst mit doppelter Portion Pommes. Er schmatzte unangenehm. Reuter überlief eine Gänsehaut. Der Bengel hatte keine Manieren.
„War schon mal in den Alpen; hohe Berge sind geil."
Reuter überlegte. Der Junge war verwildert, aber nicht unsympathisch. Sollte er ihn zu seinem Wandergenossen

machen? Bevor sie zu ihren Plätzen zurückgingen, ließ sich der Alte versprechen, die *aufgetakelte Fregatte,* wie er sie selber nannte, in Ruhe zu lassen. Peter ließ mit sich reden. War er durch die Mahlzeit bestochen oder hatte Reuter ihn überzeugt? Der Zug raste mit 140 Stundenkilometern durch eine Landschaft, die zum Verweilen einlud. Mit großen Augen blickte der Junge aus dem Fenster.

„Hier is es schön. Bin gern im Wald. Papa versteht was von Bäumen, war mal Forstarbeiter. Kann nicht mehr laufen, hat 'n Raucherbein."
Der Schaffner erschien und ließ sich die Fahrkarten zeigen. Mit provozierender Langsamkeit begann Peter, in seinen Taschen zu graben, nahm dann den Rucksack auseinander. Der Ausweis hatte sich anscheinend in Luft aufgelöst. Der Beamte wartete. Allmählich wurde die Lage peinlich. Reuter griff ein.
„Lassen Sie meinen Enkel bitte noch eine Weile suchen. In Hannover hatte er die Karte noch. Wenn sie sich nicht anfindet, werden wir nachlösen."
„In dem Fall werden Sie nicht um ein Bußgeld herumkommen."
Der Bahnmensch sah misstrauisch drein, setzte aber seinen Kontrollgang fort. Die Sylphide lächelte hochmütig.
„So, die Nervensäge ist plötzlich ihr Enkel. Da gratuliere ich Ihnen. Ja, Kinder machen nichts als Freude."
Reuter wurde wütend. Diese gestylte Ziege würde wohl nie Kinder haben.

„Der Junge sagt, was er denkt. Höflichkeit kommt erst mit der Reife. Ansonsten ist er ein feiner Kerl. Wir sollten nachsichtig mit ihm sein."
„Puh, für solchen Rabauken würde ich mich bedanken."Mit giftigem Blick stand das Model auf, stöckelte davon, um sich im nächsten Waggon niederzulassen.
„Die sind wir los. Sag mal, hast Du überhaupt eine Fahrkarte?"
„Nö, hab nie eine. Meist geh ich aufs Klo, wenn kontrolliert wird. Einmal hat mich die Bahnpolizei gegriffen. Weil ich minderjährig war, musste ich wieder nach Hause. Papa haben sie verdonnert, besser auf mich aufzupassen. Dem war doch alles egal. Ich minderjährig? Ha! Komme gut allein durch."
Reuter ging zum Schaffner, einigte sich mit ihm und zahlte.
Als er zurückkam, wurde der erfahrene Hochgebirgswanderer gesprächig. So manchen Dreitausender hatte er erklommen. Die Majestät der Berge erfüllte ihn stets mit Ehrfurcht. Gedurstet hatte er, und die Sonne hatte ihm die Haut versengt. Hochgebirgsgewittern, Schneestürmen und Steinhagel war er ausgesetzt gewesen. Doch auch viele gemütliche Stunden hatte er mit den Sennern in hochgelegenen Berghütten bei Käse und Obstler verbracht. Der Junge hörte mit offenem Munde zu.
„Darf ich „Du" zu Ihnen sagen?"
Der alte Mann lächelte.
„Guck dir deine Reisegenossen gründlich an, bevor Du Freundschaft schließt."
„Ich seh doch, dass Sie 'n toller Typ sind."

Reuter brach in Gelächter aus. Verwundert betrachteten die wenigen Mitreisenden das seltsame Paar.
„Dein Vertrauen ehrt mich. Hier meine Hand, ich heiße Michael."

In München verließen ein wohlsituierter Herr in den Siebzigern und ein schmuddeliger Tramp Seite an Seite den ICE. Sie rannten, um den Anschlusszug nach Garmisch noch zu erreichen. Beide sahen sie schon die verschneiten Gipfel leuchten.

Jan Neuhaus

Wenn er in den Wirren der Pubertät einem der schönen, undurchschaubaren Wesen begegnete, die ihn magisch anzogen, fragte er sich zuerst: Bewegt sie, was dich bewegt? Die Frage schien unbeantwortbar. Das hielt ihn in den Jahren brünstigsten Sehnens vom anderen Geschlecht fern. Er ahnte: Von dort drohte Gefahr, wusste nur nicht, welcher Art sie war. Doch irgendwann brachen die Dämme, und er ließ den Sinnen ihren Lauf.

Seiner ersten Liebe erinnerte er sich gern. Lange Zeit hatte er mit ihr ausgehalten. Rosa wurde von mitreißendem Temperament getrieben. Unerschöpflich war ihr Erfindungsreichtum. Täglich schlüpfte sie in eine neue Rolle. Heute begegnete ihm vielleicht eine Prüde, gestern war sie noch eine grelle Nymphe gewesen. Es war unmöglich, sich mit ihr zu langweilen.

Doch dann kam eine irritierende Bemerkung: Du warst schon immer so unordentlich. Schon immer? Wie lange kannte sie ihn und wie gut? Sie waren sich zu nahe gekommen. Ohne dass es ihm recht bewusst wurde, trachtete er danach, von ihr loszukommen.

Als sie ihn mit ihrer Untermieterin, einer rassigen, aber etwas einfältigen Kunststudentin, beim süßen Spiel der

Sinne ertappte, war ihm, als fielen zahllose unsichtbare Fäden von ihm ab, wie sie einstens auch Gulliver gefesselt hatten. Jan Neuhaus war frei. Die Malerin verstand nicht, warum er nicht weiterhin mit ihr ins Bett ging. Ihm war sie nur ein Vorwand gewesen.

Jene Frauen zogen Jan besonders an, die von ihrer zur Routine verkommenen Ehe angeödet waren. Während die erfolgstrunkenen Gatten ihre Unternehmen managten oder bedeutsame öffentliche Aufgaben wahrnahmen, begleitete Neuhaus deren verwöhnte, in ihrer Vorstadtvilla vereinsamende Galionsfiguren in Konzerte oder auf Vernissagen. Doch solche Drohnentypen waren selten geworden. Die meisten Frauen gingen in ihrem Beruf auf, waren oft noch ehrgeiziger als ihre Männer und hatten weder Zeit noch überschießende Libido für Amouren.
Da Jan als Kenner der italienischen Renaissance galt, bat ihn sein Freund, der Bürgermeister, die kunstbeflissene Gattin bei einem vierwöchigen Kulturtrip durch Italien zu begleiten. Ihm war, als hätte er das Glückslos gezogen. Insgeheim hatte er die First Lady der Stadt schon lange begehrt, hatte sich aber keine Chancen ausgerechnet. Heiter vagabundierten sie durch die Toscana und verbrachten ungezählte selbstvergessene Stunden im herrlichen Florenz. Zunächst hatte er gemeint, in poetischen Wendungen die Schönheit seiner Reisegenossin bewundern zu müssen. Es bewährte sich fast immer, dezent der weiblichen Eitelkeit zu schmeicheln. Doch bereits auf der ersten Station ihrer Reise erwies sich ein

raffinierter Feldzugsplan als überflüssig. Die promovierte und sehr sinnliche Theologin kam über ihn wie ein Frühlingsgewitter. Er war ziemlich geschockt. Lieber überraschte er, als sich überrumpeln zu lassen. Zu allem Überfluss berichtete sie schon nach der ersten Nacht ihrem Ehegefährten per Handy, was sie so trieb. Der Verwaltungsmann schien nichts dagegen zu haben. In Rom wurden sie von einem Boulevard-Blatt interviewt. Man wollte in einer groß aufgemachten Umfrage wissen, wie sich Gäste aus dem Norden in der heutigen Metropole Italiens fühlten. Bei der Gelegenheit ließ sich Gabi leichtsinnig darüber aus, welchen befeuernden Einfluss italienische Lebensart auf das Liebesleben habe, während Jan die verlotterten Sitten gewisser Renaissance-Päpste in einer Weise ausmalte, die seine Bewunderung nicht verbarg. Der auf sein Prestige bedachte Gatte daheim wäre über solche Presseberichte wohl nicht glücklich gewesen.

Die Seelenhirtin hatte es Neuhaus angetan, weil sie ähnlich dachte wie er. Auch sie war auf der Suche nach dem Menschen, der die Ergänzung ihrer selbst sein könnte, und meinte, Promiskuität sei das Merkmal jener, die sich unvollständig fühlten. Beiden war die Erkenntnis noch nicht gekommen, dass es unser Schicksal ist, Fragment zu bleiben. Wie bei einem Puzzle, aus dem Teile verloren gingen, werden wir Ganzheit – allein oder zu zweit – niemals erreichen. Spätestens nach der zwölften Umworbenen, die sich ihm öffnete, wusste Jan, dass seine ruhelose Suche ohne Erfolg bleiben würde. Doch wie der Hamster dem Laufrad nicht entkommt, vermochte auch er sich von seiner Sucht zu erobern nicht zu befreien. Sie war sozusagen zur lieben Gewohnheit geworden. Ein Freund, der seit Jahrzehnten mit der Mutter seiner erwachsenen Kinder trotz lockender Alternativen aushielt, hatte ihm einmal vorgehalten, er demütige die Opfer seiner Begierde, doch am schlimmsten sich selbst. Solche Predigten sagten ihm gar nichts.

Bei einer Autorenlesung lernte er die deutschstämmige Belorussin Anna kennen. Während der greise Dichter trockenste Passagen aus seinem neuen Roman herunternäselte, saugten sich ihre Blicke aneinander fest. Der milde Juniabend bot ihm Gelegenheit, sie in ein lauschiges Gartenlokal einzuladen. Doch schon nach dem ersten Glas Burgunder drängte es beide zum Aufbruch, ohne dass es vieler Worte bedurft hätte. Anna war ein Vulkan, dessen Lava sich tief in ihn einbrannte. Bei keiner Geliebten war er so ausdauernd im Bett gewesen wie bei ihr. Beängstigend schnell schlug ihr Herz, und doch durchlebte sie jede Nuance des Spiels bedachtsam gezügelt, zögerte Höhepunkte genüsslich hinaus. Es drängte ihn zu bekennen: „Was ich bisher vermeiden konnte, geschieht mir jetzt: Ich kann mich vergessen." Doch die Angst, enttäuscht zu werden, war größer als die Bereitschaft, sich einfach fallen zu lassen. Nie würde er zum Augenblick sagen: „Verweile doch!", Mephisto hätte es schwer mit ihm.

Noch vor zwei Jahren hatte Anna an einem Gymnasium in Minsk Deutsch unterrichtet. Jetzt dolmetschte sie in der weißrussischen Botschaft. Sie liebte deutsche Balladen, konnte die besten auswendig hersagen. Wenn sie mit russischem Akzent und einem Pathos, wie es vielleicht im 19. Jahrhundert gepflegt wurde, Schiller (… „wer wagt es, Rittersmann oder Knapp?" …) oder Brecht, manchmal auch Biermann (… „von mir und meiner Dicken in den Fichten" …) rezitierte, war er zugleich tief ergriffen und hoch amüsiert. Ihr Gesicht faszinierte ihn: Die kräftigen Wangenknochen der Slawin standen in eigenartigem Kontrast zu tiefbraunen, träumerischen Augen und schmaler, feingeschnittener Nase. Er mochte sie so sehr, dass er ihr gestattete, zu ihm zu ziehen. Manchmal sah sie ihn durchdringend und sehr nachdenklich an. „Wer bist Du? Ich erkenne Dich nicht", fragte ihr Blick. Beide hielten lange an sich. Vermeiden ließ sich nicht, was sie dann – von ihm längst befürchtet – aussprach: „Wie wir uns im Liebesrausch vereinen, als wären wir ein Leib, so möchte ich in Deine Seele dringen, mein unbekannter Geliebter." Jan schreckte auf: „Du begibst Dich auf gefährliches Gelände. Lohengrin machte sich schon davon, als Elsa ihn nur nach seinem Namen fragte. Genieße, was sich Dir erschließt, und forsche nicht weiter. Mann und Frau halten es am besten miteinander aus, wenn sie sich fremd bleiben." Doch es war nicht zu übersehen, dass sie immer verzagter wurde. Für sie konnte es keine Gemeinschaft geben, wenn sich die Liebenden nicht gegenseitig in die fernsten Winkel des Herzens sahen. Vor dem verriegelten Tor, das sich ihr nie öffnen würde, trübten sich ihre Augen in Trauer. Jan setzte das Verschwiegene mehr zu, als was ausgesprochen wurde. Verschlossener wurde er jetzt, als er je gewesen war. Er ertrug seine wundervolle Gespielin nicht mehr, als sich in ihr die Ehefrau entwickelte.

Seine attraktive Sekretärin, die ihn gelegentlich auf den Teppichboden des Büros heruntergezogen hatte, lud er spontan zu einem Kurzurlaub auf Lesbos ein. Die Flugtickets Frankfurt–Athen ließ er daheim tagelang gut sichtbar auf dem Schreibtisch liegen. Als Jan eines Abends von seinen Geschäften zurückkam, war Anna ausgezogen. Sofort sagte er den Urlaub mit seiner Zuarbeiterin ab. Die nächsten Woche durchlebte er wie im Rausch: Freiheit!!

Annas Leiche trieb Tage später in einer der Schleusenkammern des Kanals.

Seit Urzeiten hatten es Frauen und Männer nie leicht miteinander gehabt. Dickfellige Realisten konnten mit den ärgerlichen Unterschieden leben. Er hingegen hatte ein phobisches Verhältnis zum schönen Geschlecht. Seine besten Jahre hatte er damit verplempert, dass er ohne die geringsten Erfolgsaussichten nach seinem Pendant gesucht hatte. Das Zusammenwachsen zweier Menschen war ihm anfangs erstrebenswert erschienen und nach und nach unerträglich geworden. Das Pendel schlug zwischen Anziehung und Abneigung willkürlich hin und her. Ganz selten litt er noch darunter, dass bei jeder seiner unverbindlichen Affären das Eigentliche fehlte.

Er vermutete, dass Frauen, für die der Sexus ein Geschäft war, ihm verwandt sein müssten. Sollte er sich Lebenshilfe vom horizontalen Gewerbe holen? Im Internet fand er die Telefonnummer einer Edelnutte. Er rief sie an. Wohlwollend gewährte die von erfolgreichen, teils prominenten Männern Ausgehaltene ihm eine Audienz. Wenn sie ihm helfen konnte, war die horrende Gage sinnvoll angelegt. Sie empfing ihn in ihrem Penthouse auf einem der Wohntürme, die die City überragten. Hellgraues, knielanges Kostüm, streng anliegendes gescheiteltes Blondhaar, dezentes Make-up – so hatte er sich eine Liebedienerin nicht vorgestellt. Trotz der griechischen Schäferszenen an den Wänden und der herumstehenden afrikanischen Phallus-Statuen erinnerte ihr „Boudoir" eher an das Besprechungszimmer in der Führungsetage einer Großbank. Schüchtern begann er:

„Ich fühle mich nur im ständigen Wechsel sicher und verabscheue jede Bindung. Vermutlich ergeht es Ihnen ähnlich?"
Sie lächelte undurchsichtig:
„Den Wechsel bringt das Geschäft eben mit sich. Privat stütze ich mich lieber auf feste Bindungen."
„Ich nehme an, dass die stumpfsinnige Wiederholung von Ritualen gespielter Zuneigung zwischen Menschen, die sich lange kennen, Sie in ihren Beruf getrieben hat?
„Nein, überhaupt nicht. Wissen Sie, ich bin ziemlich faul. Mein Geschäft bietet die Gelegenheit, sehr gut zu verdienen und ganz wenig zu tun. Das hat aber mit meinem persönlichen Leben nichts zu tun. Ich mag meinen Lover

sehr und hoffe, dass er mir nicht abhanden kommt."
Er unterdrückte einen jäh aufkommenden Hustenreiz:
„Darf ich Ihnen mein Dilemma schildern? – Maßlose Gier treibt mich in den Schoß einer Schönen. Sobald sich aber Konturen hinter der lockenden Fassade abzeichnen, der Mensch hinter dem betörenden Fleisch sichtbar wird, denke ich nur noch an Flucht. Frustriert und beschämt kehre ich in die Geborgenheit meiner Klause zurück. Nie hasse ich mich mehr, als wenn ich verführt habe oder mich verführen ließ, und kann es doch nicht lassen. Wie glücklich bin ich allein! Dennoch halte ich es mit mir nicht lange aus. Ich bin zu Ihnen gekommen, weil ich hoffe, dass Sie mir einen Weg aus diesem abartigen Kreislauf zeigen könnten, den Sie doch besser kennen müssten als ich."
Erst als sie auflachte, bemerkte er, welche besänftigende, satte Altstimme sie hatte.
„Sie werden enttäuscht sein: Ich bin im sicheren Hafen. Von da aus wage ich Ausflüge in die sanfte, wie in die brüllende See. Die Wogen gehen oft so hoch, dass ich für Momente die Übersicht verliere. Doch ein unverrückbarer Leuchtturm hilft mir zurückzufinden. Nur so kann ich leben."
Enttäuscht verabschiedete er sich. Das Lehrgeld war verschenkt.

Jan hatte schon oft mit Inga telefoniert. Ihre Stimme hatte stets hochmütig, abweisend geklungen. Sie vertrat einen schwedischen Geschäftspartner seiner Firma. Als es um einen größeren Abschluss ging, kam sie von Haparanda herüber. Wegen ihrer trockenen Art, mit ihm fernsprechend zu verhandeln, erwartete er, einem welkenden Blaustrumpf zu begegnen. Doch er wurde überrascht. Sie hatte eine betörende Figur, wirkte sportlich, frisch, war wohl noch keine 30 Jahre alt. Weißblonde kurzgeschorene Haare umrahmten ein kluges, sommersprossiges Gesicht. Irritierend waren die wasserblauen, eisigen Augen. Während des Abendessens, zu dem er sie auf Firmenkosten eingeladen hatte, hielt sie ihn mit frostiger Ironie auf Distanz, was ihm gründlich die Stimmung verdarb. Sein Balzritual, das er in narzistischer Blindheit für unwiderstehlich hielt, schien sie zu belustigen. Er sah keine Aussicht auf ein Abenteuer. Doch als er sich in der Hotelhalle – mittlerweile unterkühlter als sie – verabschieden wollte, lud sie ihn mit einer eigenartig schleppenden Stimme ein, ihr in ihrer kleinen Suite noch Gesellschaft zu leisten. Ungerührt, eher gelangweilt zog sie sich aus und stand schließlich in gleißender Schönheit da, eine Königin des Eises. Er hätte begeistert sein sollen, doch war ihm zumute, als würde eine Konferenz vorbereitet. Höflich ließ er sich auf den Liebesakt ein, der dann mechanisch ablief. Stellungen wurden absolviert wie Übungen in einer Gymnastikstunde. Nachdem die ohnehin schwache Glut erloschen war, verabschiedete sie ihn mit leisem Siegerlächeln wie einen Verhandlungspartner, dem sie ihre Bedingungen diktiert hatte. Nachdenklich fuhr er heim. Diese Undine würde ihm nie lästig werden. Sie würden koitieren, wie sie miteinander gegessen hatten: Animalische Grundbedürfnisse wurden befriedigt, nichts weiter. Danach kam gleich wieder das

Geschäft. Er hatte endlich die Frau gefunden, mit der er umgehen könnte, ohne ihr nahe zu kommen. Das war es doch, was er nach allen betrüblichen Erfahrungen als *modus vivendi* anstrebte: Nur noch ausleben, was die Hormone befahlen, das Füllhorn des Sexus bis zur Neige ausschöpfen. Gefühle waren ein Luxus, der das Leben unnötig komplizierte.

Ein unerklärlicher Ekel würgte ihn. War ihm das Diner nicht bekommen? Er bremste scharf, sprang aus dem Wagen und übergab sich.

Die Einladung

Bartolo hätte die Fähre nehmen können, die regelmäßig den Strom querte, doch er unterwarf sich nicht gern einem Fahrplan. So lag stets sein preußisch schwarz-weiß gestreifter Kahn am Kai des Flusshafens. Mit kräftigen Ruderschlägen strebte er schräg gegen die Strömung haltend der Insel und dem Steg vor der verfallenen Villa zu. Der Fluss stank jetzt weniger nach Öl und Chemieabfall als in den Jahren ökologischen Leichtsinns, und über die Insel zog ein Duft von welkenden Gräsern und vergilbendem Laub. In Böen fuhr dem Herrn des Werders der Westwind ins Haar, als er über die hügelige Wiese schritt, um wie jeden Abend nach den Schafen zu sehen. Der Schnuckenbock neigte mit Imponiergehabe den von mächtigen Hornschnecken gezierten Kopf, seine Haremsdamen glotzten mit gläsernen, leeren Augen. Einer heiteren Laune der Natur schienen diese ganz dem Fressen, Verdauen und Ausscheiden hingegebenen zotteligen Wesen entsprungen, deren eintönigem Geblök nicht anzumerken war, ob sie Behagen oder Angst empfanden. Wie missglückt dagegen der Homo sapiens mit einem Hirn voller Einerseits und Andererseits, zerrieben zwischen Pro und Contra. Unter nadelnden Lärchen und beerenträchtigen Ebereschen, von denen erste Blätter herabwirbelten, stieg Bartolo die ausgewaschenen Sandsteinstufen zum Hause hinauf. Die verwitterte Haustür

war – wie gewohnt – nur angelehnt. Seinen Parka warf er über einen der verbogenen kupfernen Haken an der Garderobe. Er vermutete Rosina in der Küche und rief schon, bevor er eintrat:
„Heute habe ich Lindoro getroffen. Seine Exfrau ist noch nicht aus der Wohnung ausgezogen. Er weiß nicht, wo er in den nächsten Wochen an seinem Buch arbeiten kann. Ich habe ihm unser Gartenhaus angeboten. Im Herbst brauchen wir es doch nicht. Der Blick aufs ziehende Wasser wird ihn inspirieren."

Bartolo sah seit der Schulzeit in Lindoro seinen einzigen Freund. Nur als der Vertraute ihm die Rosina ausgespannt hatte, waren ihre Beziehungen ein wenig getrübt gewesen. Nach kurzer, heftiger Leidenschaft kehrte Rosina wieder zu ihm und – wie er hoffte – zur Vernunft zurück. Genau konnte man das bei Rosinas jäh wechselnden Stimmungen nie wissen. Nach dem Abenteuer wollte sie Bartolo, mit dem sie schon vor dem gemeinsamen Abitur Bude und Bett geteilt hatte, unbedingt heiraten. Verwundert ließ er sich das gefallen. Was würde durch ein Dokument geändert? In der Realschule unter dem Herzogeneck versuchte Rosina, schwach motivierten Wohlstandszöglingen Mathematik beizubringen, während sich der Steuerfahnder Bartolo mit mäßigem Erfolg bemühte, die Verschleierungstricks honoriger Bürger zu durchschauen, die in mauschelnden Abgeordneten und den Schatzmeistern der zur Oligarchie verkommenen Volksparteien ihre leuchtenden Vorbilder sahen.

Sie waren ins Joch gespannt, doch Lindoro ließ sich nicht knechten: Nach drei Semestern Germanistik war er das Wiederkäuen des Vergangenen leid. In einem für ihn ungewöhnlichen Anfall von Arbeitswut komponierte er in wenigen Wochen einen Edelkrimi, der die Bestsellerlisten eroberte, und ihm zu den Tantiemen noch einen dicken Vorschuss seines Verlages für ein Zweitbuch einbrachte. Um eine halbe Seite schreiben zu können, benötigte er an die zwei Liter Rotwein. Bartolo hatte gelegentlich über das Missverhältnis zwischen verbrauchtem Treibstoff und literarischem Ertrag gelästert, von Lindoro aber nur ein nachsichtiges Lächeln geerntet: Der Geist eines genialen Autors weht wann, wie intensiv und wodurch stimuliert er will. Selbst wenn er nur schwach säuselt, erhebt er den Umwehten weit über jene Erbärmlichen, die sich mit nüchternen Zahlen herumschlagen müssen.

Rosina erschrak. Lindoro in ihrem Garten? Das würde nicht gut gehen. Wie konnte Bartolo nur so sorglos sein? Sie lebte gern mit ihm; seine Libido quoll nicht gerade über; doch er hatte Charakter. An Einfällen war er dem Grafen weit unterlegen, aber klug war er und ein Kumpel, mit dem man Pferde stehlen konnte. Lindoro dagegen war ein Zauberer, der sozusagen seine rassigen Lipizzaner immer gesattelt und gezäumt hielt. Sie brauchte nur aufzusitzen und musste gar nicht erst Pferde stehlen. Unter dem Einfluss des Bonhomme Bartolo war sie bodenständig geworden, hatte sich auf gemächlicheres Tempo und ein Leben ohne große

Gemütsausschläge eingerichtet. Jetzt der Unruhestifter in ihrem Garten, in Luftlinie nur 40 Meter von ihnen entfernt? Der Charmeur gefährdete ihr Gleichgewicht. Bedenkenlos setzte er schon seine Duftmarken in Wort und Geste, wenn er eben zur Tür herein war, und sein jungenhaftes Gelächter klang ihr wie das Wiehern eines Hengstes in den Ohren. Dazu der feuchte Blick eines Darbenden: Du edle Frau im Schutz der festgefügten Burg, erbarme Dich des in Sturm und Eis vergehenden Troubadours; nimm ihn auf in Dein Haus, dass er sich wärme an den im Kamin prasselnden Buchenscheiten. Du Zarte, erquicke ihn mit dem Nektar deiner Großherzigkeit, birg den Heimatlosen in traulicher Kammer; in deinem Schoße wird er neu zu sich erwachen …
Unwirsch sagte sie:
„Jeden Abend wird er hier herumhängen und uns mit seinen abgeklärten Sprüchen auf die Nerven gehen. Weisheit scheint ein Privileg derer zu sein, die das Leben nicht fordert. Während wir dem helllichten Tag mit allen seinen Unwägbarkeiten ausgesetzt sind, schläft er, und abends, wenn sich unsere Spannkraft erschöpft hat, wird er erst richtig munter. Dein Weinkeller wird den Besuch nicht ohne schmerzliche Einbußen überstehen. Vielleicht werden wir ihn überhaupt nie mehr los. Ich will ihn hier nicht haben."
Bartolo hatte Ähnliches erwartet. Er wusste, dass Lindoros Nähe für sie eine Belastung sein würde. Aus einer masochistischen Anwandlung heraus hatte er den schillernden Freund eingeladen. Er liebte Rosina. Doch ihrer Treue war er nie gewiss. Wenn sie diese Feuerprobe

bestanden hatten, würden ruhigere Zeiten anbrechen. Ehe im Windschatten.
„Du liebtest ihn einst! Und ich bin ihm schon lange verbunden. Was wiegt eine Freundschaft, wenn sie sich in kritischen Lagen nicht bewährt? Er ist ein Dichter! Solange die kratzbürstige Verflossene sein Heim mit ihrer Kreissägenstimme erfüllt und alle Augenblicke den Kopf zur Tür hereinsteckt, um ihn zu beschimpfen, wird er keinen seiner begnadeten Sätze aufs Papier bringen. Bitte, hab ein Einsehen."
Sie antwortete nicht. Die Dinge blieben in der Schwebe. Am Abend erschien Basilio, mit ihnen vertraut seit Studienzeiten, der als Cellist sein Brot verdiente. Als er von Lindoros Wunsch hörte, war er begeistert. Die alte Burschenherrlichkeit würde wieder aufleben. Vereint würden sie sich der Vergreisung entgegenstemmen! Allerdings wusste man nie, was Basilio wirklich dachte.

Warum lesen wir hier Namen, die an gewisse Bürgertypen in einer südspanischen Stadt des 18. Jahrhunderts erinnern? Das muss erläutert werden: Zum alljährlich vor den Sommerferien stattfindenden Schulfest wurde von den Schülern stets eine Klamotte aufgeführt, die literarische Vorbilder persiflierte. Einmal bekam der sich in Liebesglut verzehrende Romeo seine Julia und wurde todunglücklich, dann wieder trat Richard III. dem Lions-Club bei und wurde ein so unerträglich guter Mensch, dass man sich die überlieferte Tücke und Blutrünstigkeit zurückwünschte. Hamlet steckte mit Onkel Claudius unter einer Decke und amüsierte sich über den

Schuldkomplex der Mutter. Einmal hatten sich die vom Pegasus gerittenen Mitschüler den revolutionären Beaumarchais vorgenommen. Sie betrachteten den „Tollen Tag" durch die Brille von Opernlibrettisten und gaben nach einigem polemischen Hin und Her Cesare Sterbini den Vorzug vor Lorenzo da Ponte. Mit einem total verfremdeten „Barbier" schufen sie ein surreales Stück, das wegen seiner klamaukigen Szenen begeistert gefeiert wurde, obwohl es niemand verstand. Die beteiligten Schauspieler behielten die Namen derer, die sie in den umgestalteten Dramen gespielt hatten. Oft passte die Rolle gut zum Charakter des Spielers; doch sollte sie im Widerspruch zum Wesen des Akteurs gestanden haben, bemühte sich der, dem Dargestellten ähnlich zu werden. Im Laufe der Zeit hatte man sich so an Rollen und Namen gewöhnt, dass sich bei späteren Klassentreffen keiner mehr erinnern konnte, wie seine ehemaligen Banknachbarn nun wirklich hießen. Einer von ihnen hatte es bis zum Landgerichtsdirektor gebracht. Wenn der beleibte Jurist in gemütlicher Runde gierig Unmengen Burgunders schlürfte, war er Falstaff und würde nie mehr ein anderer sein. Still vergnügt sahen sie dem einstigen Shylock zu, der zwar nicht auf Menschenfleisch scharf war, aber als Leiter einer Bankfiliale so manchem Blender den Geldhahn zudrehte und sich von keiner noch so eloquenten Portia betören ließ.

Doch zurück zu den Vieren, die auf dem grünen Werder im Strom eben frohgemut einen Grappa genossen, den Basilio aus der Toscana mitgebracht hatte.

„Wie weit ist Dein Jahrhundertwerk gediehen? Werden unsere Enkel oder gar unsere Kinder es schon zu lesen bekommen?"
„Gut Ding will Weile haben."
„Lange Weile macht noch kein gut Ding."
„Hoffentlich bringt die lange Weile nicht nur Langeweile hervor."
Bartolo und Basilio blickten versonnen einem vorüberziehenden Vergnügungsdampfer nach, exzessiver Gelage gedenkend, die sie in ihren Blütejahren auf dem Wasser gefeiert hatten. Derweil spiegelte sich Rosina in den Glutaugen Lindoros, die nicht von ihr abließen.
„Starr mich nicht an, als wäre ich eine Ikone. Musst Du immer noch meine Visage erforschen? Du kennst mich doch?"
„Leider viel zu wenig. Aber das können wir ändern."
„Siehst Du dem tatenlos zu, Bartolo? Paris buhlt um die Schönste, und Menelaos stellt sich blind und taub?"
„Anders als Menelaos hüte ich mein Haus. Der trojanische Krieg wird sich nicht wiederholen. Ich kann kein Blut sehen."
Ohne dass noch einmal darüber gesprochen wurde, bezog Lindoro den Pavillon, durch dessen löcheriges Schindeldach der Regen tropfte und dessen verrottende Fenster ersten Herbststürmen nur schwachen Widerstand boten. Den neuen Bewohner störte das nicht. Bis an die Nasenspitze vermummt lag er auf dem Feldbett, die Weinflasche in Greifnähe und träumte mit offenen Augen. In die Kammer des ahnungslosen Gretchens drang er ein, das sich in seinen zärtlichen Armen über

ihre eingeschränkte Welt hinausgehoben fand und alle mütterlichen Ermahnungen in den Wind schlug. Dem Mephisto befahl er nach Herrenmanier und verhöhnte ihn leichtfertig. Heinrich Faust war er weit überlegen, weil es ihn gar nicht interessierte, ob der Herr der Unterwelt einmal Macht über ihn gewinnen werde. Derweil moderte das inhaltsschwere, aber recht magere Manuskript des Dichters unbeachtet in einem Karton unter dem Vordach, durch das seit Tagen Regenwasser strömte wie durch ein Sieb.

Um die Lage auf der Insel würdigen zu können, müssen wir einen Blick zurück werfen:
Als vor Jahren die neue Sporthalle der Stadt eingeweiht wurde, war auch Lindoro dabei gewesen. Wo Frohsinn gleich welcher Qualität zu erwarten war, Wein und Branntwein reichlich flossen und Feinkosthäuser mit üppigen Buffets prunkten, war der Dichter immer zu finden. Rosina vertrat als Sportlehrerin ihre Schule. Nach dem offiziellen Teil wollte sie schon heimgehen, als ihr Lindoro in die Quere kam. Sie kannte Bartolos Freund nur flüchtig.
„Wohin so eilig, schönste Herrin?"
„Meine Mission hier ist erfüllt."
„Wenn Sie erfahren haben, welche wichtige Aufgabe noch Ihrer harrt, werden Sie nicht mehr gehen wollen."
„Sie spannen mich auf die Folter."
„Einem einsamen Mann, der unter dieser schnöden Welt bitter leidet, werden Sie den seelischen Beistand nicht verweigern."

„Sie sehen nicht aus, als litten Sie."
„Oh, Sie kennen mich nicht. Dort in der Nische hinter der Theke sehe ich einen unbesetzten Tisch. Darf ich Sie dort hingeleiten, um mich Ihnen zu offenbaren? Der Anblick eines von dieser fühllosen Zeit Geschundenen wird Sie erschüttern. Ich ahne, nein, weiß es: Sie haben ein mitfühlendes Herz. Ihr Engelsblick wird Balsam sein für mein verstörtes Gemüt. Oh, ein gütiges Geschick hat mich heute hierher geführt."
Nach zwei Stunden saßen sie immer noch dort. Sie hatte schnell begriffen, welcher Hallodri ihr gegenübersaß. Er wusste mit Anekdoten aus vertändelten Jahren derart zu unterhalten, dass sie Ort und Zeit vergaß. Nie mehr würde sie in ihrem durchgeplanten Leben einem solchen begnadeten Tänzer im Irrationalen begegnen. *Hic Rhodus, hic salta:* Sie würde es wagen. Am späten Abend lag sie mit ihm in noch nie erlebter Ekstase auf schmuddeliger Matratze in der Mansarde eines Vorstadthauses. Dass er kurz davor war, von einem Mädchen aus „gutem Hause" geheiratet zu werden, erfuhr sie am nächsten Tag von Basilio, dem ihr Tête-à-tête im Sporthallenrestaurant nicht entgangen war. Doch wer von einem Feuerwerk geblendet ist, hat kein Ohr für Hiobsbotschaften.
Mit wissenschaftlichem Interesse hatte sich Rosina auf den Hasardeur eingelassen und konnte sich bald seiner Faszination nicht mehr entziehen. Sobald sie seine Bruchbude betrat, war sie im Märchenschloss. Sirenen schwebten musizierend über verschwimmenden Wolkenbänken. Lindoro verwandelte die Nüchterne in eine Fee und führte sie auf den lichthellen Thron seiner

Phantasie, der von Edelsteinen brillanter Rhetorik glitzerte. Er gab ihr das Zepter in die Hand, beherrschte sie, indem er sich ihr unterwarf. In gewollter Blindheit ignorierte sie die tiefen Risse im Traumpalast.
Derweil versank Bartolo in tiefste Depression. Denn Basilio – im Gegensatz zur klassischen Kassandra selig, wenn er Unglück künden konnte – hatte dem Betrogenen vom Verlauf der Feier und dem Abdriften seiner Geliebten haargenau berichtet.
Auf Dauer wurde es der Pragmatikerin zur Pein, dass ihr Prinz sich zu keiner der angekündigten Taten aufraffte, den Tag mit Nichtigkeiten vertrödelte und ständig vom Dunst edler Weine umfangen war. Was in der Nacht berückende Illusion gewesen, wurde bei Tageslicht zur Lüge, und die Ernüchterung nahm zu. Ihr Halbgott sank Stufe um Stufe. Doch damit wuchs auch die Kraft zur Trennung. Eines Tages stand sie reumütig auf der Schwelle der bartolinischen Villa. Der Geduldige nahm sie auf und hatte allen Schmerz und Groll vergessen.

Auf dem Werder geschah, was Rosina vorausgesagt hatte. Jeden Abend erschien Lindoro und mischte sich heiter in ihr Gespräch ein, das meist dem Bewältigen des Alltags galt. Wenn das Orchester weder spielte noch probte, hörten sie oft noch am späten Abend Basilios rauhen Bass vom Hafen her erschallen. „Hol über", röhrte er, „verdammt, seid ihr taub? Hol über!" Als die Tage kürzer wurden, verwandelte die bilderreiche Sprache des Dichters das düstere Haus in ein Schloss an der Loire, wo der Adel sich selber feierte. Heute erstrahlten die süßen

Liebeslieder Baudelaires, morgen erklangen vielleicht Ferkeleien von Villon oder die Frivolitäten Voltaires. Langweilig wurde es nie; die Gastgeber spielten manchmal gelöst und heiter, meist aber gequält mit und gerieten an den Rand der Erschöpfung.

In den Sommerferien verschwand Rosina, ohne ihr Reiseziel genannt zu haben. Über Wochen keine Karte, kein Anruf, keine Mail. Bartolo hielt mit Mühe die Wut auf seine Freunde im Zaum und gab sich gleichmütig wie gewohnt. Zu Schulbeginn erschien die Vermisste wieder zum Dienst, hatte sich aber ein Zimmer in der Stadt genommen. Die drei frohgemuten Zecher inmitten des Stroms bekamen sie nicht mehr zu sehen. Bartolo wusste, dass sie die Insel erst wieder betreten würde, wenn er die beiden Parasiten aufs Festland gejagt hätte. Er schätzte nicht die harte Auseinandersetzung, sehnte sich aber sehr nach Rosina. Alle Gauklerkünste des Grafen konnten nicht darüber hinwegtäuschen, dass die Zeit unerbittlich verrann. Jede Sekunde, jeder Tag führte Rosina weiter fort. Bald würde sie nicht mehr einzuholen sein. Nach einer wild durchzechten Nacht sagte unvermutet eine eisklirrende Stimme, die zur großen Verwunderung der drei aus dem so friedfertigen Bartolo hervordrang:
„Lindoro, Meister der Lebenskunst, morgen räumst Du den Pavillon. Wenn ich heimkomme, will ich hier keine Spur deines Lotterlebens mehr sehen. Basilio, alter Kumpel – auch Du wirst die Insel nicht mehr betreten. Erlasst mir lange Erklärungen. Ihr wisst, wie ich Euch schätze. Doch so kann ich nicht mehr leben."

Stille. Trotz ihrer Betrunkenheit erfassten sie, dass der Vorhang gefallen war. Stumm ging man auseinander. Am nächsten Tag war der Spuk verflogen. Abends war Rosina wieder da. Niemand hatte ihr die Veränderung mitgeteilt. Schon vor Sonnenaufgang war sie mit der Gewissheit erwacht, dass Bartolo, dem die Götter Durchsetzungskraft leider nur dosiert zuteilten, reinen Tisch gemacht habe.

Das Leben verrann glanzlos und im Gleichmaß wie vorher. Verlässlich und unverdrießbar stellten sich die beiden Staatsdiener ihren Aufgaben. Wenn die Sonne über den flachen Bergkuppen im Westen stand, steuerten sie erleichtert ihr Eiland an. Bei mildem Wetter verzehrten sie ihr Mahl an wackeligem Tisch und auf modernden Stühlen am Ufer. Über ihnen rauschte der Wind in den Weiden, deren gelbe Rutenzweige im murmelnden Strom pendelten. Geborgenheit im immer Gleichen: Heute war es wie gestern, morgen würde es sein wie heute. Während sich das vergehende Licht im Wasser spiegelte, zog das Tagesgeschehen noch einmal vorüber. Banalitäten bestimmten das Gespräch. Keine Spur mehr von Lindoros sprühendem Witz. Keine Erinnerung mehr an Basilios vergiftete Bonmots. Hier wurde offenbar niemand vermisst. Versonnen blickten die Bartolos auf die wandernden Strudel im Fluss und waren einander ganz nahe.

Kleinigkeiten am Rande

Kopf im Sand

Zweimal hatte es geknackt, als wären die Räder über dürre Äste gerumpelt. Für Zehntelsekunden lief der Wagen aus der Spur. Der Nebel war gegen Abend immer dichter geworden. Tobias sah seit Jahren nicht mehr gut. Nachtfahrten mied er möglichst. Doch die Besprechung mit dem Kunden hatte sich hingezogen. Sollte er anhalten und nachschauen, was passiert war? Er war abgespannt. Noch drei Kilometer bis nach Hause. Also weiter. In der Garage ging er um den Wagen herum. Nirgends zeigte sich ein Kratzer. Morgen würde er das Fahrzeug auf die Hebebühne nehmen lassen. Eine Viertelstunde später lag Tobias in tiefem Schlaf.
Als er morgens zum Frühstück erschien, las seine Frau den Lokalteil der Tageszeitung. „Gleich nebenan im Berberwald ist in der letzten Nacht ein Penner überfahren worden", berichtete sie. „Der Mann ist tot. Er hatte 3,5 Promille Alkohol im Blut. Wahrscheinlich sei er auf der Straße eingeschlafen und vom Fahrer des Wagens zu spät gesehen worden, vermutet die Polizei." „Es wird viel zu schnell gefahren", brummte Tobias. Auf der kurvenreichen Kreisstraße war spät abends niemand mehr unterwegs gewesen. Keine Indizien, keine Zeugen – da waren Ermittlungen aussichtslos.

Tobias hatte viel zu tun. Der nächtliche Vorfall war schnell vergessen. Beim Skat wurde erzählt, der Überfahrene sei ein tüchtiger Möbeltischler aus Berringen gewesen. Als seine Frau, die er sehr geliebt hätte, ihn verließ, wäre er aus der Bahn geraten. Haus und Werkstatt wären unter den Hammer gekommen.

Tage später hielt Tobias am Friedhof des Nachbarorts und ließ sich von einem vorüberkommenden Schüler das Grab des Franz Lerch zeigen. Kahl lag der Totenhügel. Die wenigen vertrockneten Blumen hatte der Wind in die benachbarte Hecke getrieben.

Man hörte im Dorf, dass eine Gärtnerei in der Stadt anonym beauftragt worden sei, die Grabstelle ordentlich herzurichten. In gleicher Weise hätte ein Steinmetz den Auftrag bekommen, dem Toten einen Gedenkstein zu setzen.
Tobias hatte seine Kirchengemeinde finanziell stets großzügig unterstützt. Am Gottesdienst nahm er nie teil. Der Pastor mochte solche Schafe nicht, die er mit seiner Rhetorik nicht erreichen konnte. Neuerdings hockte Tobias sonntags manchmal auf der letzten Bank. Geschäftspartner mochten nicht glauben, dass der hartgesottene Kerl betete. Dahinter steckte wohl irgendeine Perfidie.

Ununterbrochen hatte es in den Juliwochen des kalten Sommers geregnet. Der Bergrutsch wurde erst am frühen Morgen bemerkt. Bei den Aufräumungsarbeiten grub man als erstes einen schweren Mercedes aus. Tobias hatte seinen Wagen am Straßenrand geparkt, um auf nächtliche Pirsch zu gehen. Der Baggerfahrer spielte mit dem Diktaphon, das auf der zersplitterten Armaturentafel klebte. Die Stimme des Kaufmanns klang heiser: „… vergib Schuld, wie auch wir …".

Die Stimme

„Können Tränen meiner Wangen nichts erlangen. Oh, so nehmt mein Herz hinein." Da war er wieder, der tröstliche Klang. Der Alt leuchtete gleich einer düsteren und dennoch wärmenden Flamme. Über unzählige Klangfarben und allerfeinste Schattierungen des Tons verfügt die menschliche Stimme. Kein Instrument kommt ihr an Ausdruck nah. Jedesmal hörte er die Klagearien aus der „Matthäuspassion" anders, und doch genoss er stets die gleiche Aufnahme mit der bezaubernden Stimme seiner Favoritin. Als er ein Junge war, liefen ihm Tränen über die Wangen, wenn das „Golgatha, unsel'ges Golgatha!" erklang. Er war der Baker nie begegnet. Obwohl er nicht gern reiste, hatte er in jedem Jahr neu erwogen, sich in die Metropole des Nachbarlandes oder in eine der Musikstädte des Südens zu begeben, um *Dame* Janet in die Augen zu sehen, wenn sie sang. Mehrmals hatte er der verehrten Frau geschrieben, deren Stimme eine so erlesene Brücke bildete von den Eingebungen des Genies zu den Begierigen dort unten im Mittelschiff des Münsters. Da er aber annahm, dass prominente Künstler durch eine Phalanx aus Impresarios und Sekretären geschützt würden, sandte er seine Briefe nie ab. Er würde ihr nicht näherkommen, als es der Abstand zwischen seinem hochbezahlten Sitz im Kirchengestühl und ihrem Platz vor der mächtigen Orgel zuließ. In der Stunde vor der Frühdämmerung, wenn er schon wach lag, ohne sich zu erheben, erschien bezwingend ihre schmale Gestalt: die vollen Lippen, nach innen blickende Augen.

Dank der Elektronik konnten sich Symphonien und Klavierkonzerte aus der Klangkonserve brillant entfalten. Doch Messen und Passionen gaben ihre ganze Fülle erst, wenn sie in aufragenden gotischen Domen im Original erklangen. Eben ging er nach einer Aufführung des Mozart-Requiems in der Liebfrauenkirche heim. Es trieb ihn in die von Erlen gesäumte Aue des mäandernden Flusses. Warum hatte ihn der Abend enttäuscht? Waren Alt-Partien entweiht, wenn sie nicht von Janet gesungen wurden? Missvergnügt beschloss er, in dieser Stadt nicht mehr in ein geistliches Konzert zu gehen. Doch durfte er die heimischen Sänger tadeln, weil sie nur einen Schatten dessen beschworen, was in der großen geistlichen Musik überliefert worden war? Sie führten den Dürstenden über das Rinnsal ihrer Gaben zum breiten Strom der Ur-Idee. Nein, er würde nicht auf dem Erdenrund hinter Janet herjagen. Der Traum, der aus elysischem Klang erwachsen war, durfte nicht zerstört werden. Er wollte nicht wissen, ob die Primadonna hochmütig, zänkisch oder übermäßig eitel war. Für ihn war sie ein edler, großherziger Mensch. Ihre Stimme weckte die besten Regungen in ihm. Das sollte immer so bleiben.

Lauch-Zeit

Seibold war ein Idealist. Er sorgte sich um das Programm der Partei und eignete sich nicht als Gefolgsmann. Staatssekretär hätte er einige Male werden können; doch dafür dachte er zu selbstständig. „Treten Sie endlich ab, Dr. Lauch", hatte Seibold auf der letzten Sitzung des Parteivorstandes gefordert, „zwölf Jahre Lauch sind mehr als genug." Die Schranzen und Landesfürsten waren erstarrt. Der Vorsitzende hatte ihn unter schweren Lidern hervor unbewegt angesehen und kein Wort erwidert.
Dr. Lauch war ein toller Kumpel; er kam von ganz unten und gab sich als Erzdemokrat. Unter seinem Vorsitz durfte diskutiert werden. Dass Beschlüsse selten umgesetzt wurden, war bisher nicht aufgefallen. Ohne dass es den Aktiven vor Ort bewusst wurde, hielt Lauch die Partei eisern zusammen und knüpfte ein feines Netz von Abhängigkeiten. Ein Freund der Bosse war er und sehr angesehen bei den kleinen Leuten. Kein Wunder, dass er als Premier bisher drei Legislaturen überstand.

Seine Popularität wuchs weiter, obwohl die Presse eine Reihe von Korruptionsskandalen enthüllte. Charisma lässt Lüge und Betrug vergessen. Sogar der weder bei

Schwarzen noch bei neuen Roten geschätzte Germanistenverband lud den großen Mann ein, und Seibold verfiel in eine Verwunderung, die nie mehr enden sollte. „Ich bin einer von Ihnen", rief Lauch in den Saal, und Seibold, auch ein Philologe, war als einzigem in der sich ehrerbietig gebenden Runde ein ironisches „Hört, hört!" entfahren. Das würde nie vergessen werden.

Sie hatten ihn erwischt, als er nach einem Treffen des Quadratauer Kreises spät in der Nacht heimging. Der große Bruder hatte seine Zuträger überall. Seibold war wegen seiner freimütigen Äußerungen schon lange gefährdet gewesen.

„Wir werden Dir die Hoden zermahlen, und aus Deinen Nieren werden wir Ragout machen." Schwägermann grinste. Seit einer halben Stunde beschäftigten sie sich mit ihm. Er tat schon aus Verwunderung den Mund nicht auf. Was wollten sie von ihm hören? In das Zentrum der Macht war er nie vorgedrungen, und Geheimbündelei war ihm fremd. Nach Quadratau hatte ihn ein Zufall geführt. „Wir werden Dich schön langsam hinrichten", sagte Schwägermann gefühlvoll, „vielleicht fällt Dir doch noch etwas ein."

Seibold versank in Bewusstlosigkeit und wurde zur Stufe – zu einer der Stufen, über die Dr. Lauch zur unumschränkten Herrschaft schritt.

Träume

Traumdrohen

Unerklärlich blieb, warum der Druck auf seiner Seele sich noch verstärkt hatte, seitdem die Ostergesellschaft in alle Winde zerstob. Er hätte eher erleichtert sein können. Olga war vom Ärger im Geschäft auf ihre düstere Gemütslage zu sprechen gekommen, deren Anlass der seit Monaten abgängige Gemahl war. Könnte sie doch den Geflohenen einfach für tot erklären lassen, dann würde sie ihn bald vergessen haben. Um ihren Wortschwall zu stoppen, hatte er ihr die Adresse seines Psychotherapeuten gegeben. Gelassen hatte er sonst verstanden, sich auf die Invasion seiner Verwandten einzurichten. Besonders die Ungeborgenen unter ihnen pflegten ihn heimzusuchen, wenn das Winterdunkel wich, und bei steigender Sonne der Tiefpunkt ihrer Stimmung erreicht war. Nachdem sie ihre Nöte bei ihm abgeladen hatten, fuhren sie frohgemut heim, als hätten sie von ihm Absolution bekommen. Diesmal war ihm schon Tage vorher nicht wohl gewesen. Schlimm wurde es in der Kar-Nacht, als er sich mit seiner Gefährtin durch meterhohen sibirischen Schnee kämpfen musste. Wie gegen Felsen drängende Ozeanwogen stiegen Schneewehen in schwindelnde Höhen und fielen im Windschatten steil ab. Edda war bald am Ende ihrer

Kraft und kroch schließlich auf allen Vieren. Ihre wattierten Handschuhe und der grellgelbe Overall hatten klaffende Löcher. Das sonst so klare Gesicht erstarrte zu teigiger, blaugefrorener Masse. Panisch verbarg sie sich in einem Fabrikschlot, der geringfügig aus der weißen Wüste herausragte. Ohne einen Laut versank sie im lose geschichteten Schnee, der die gemauerte Röhre füllte. Schwitzend und um Atem ringend grub er sich tief ein und schlug von außen mit Hammer und Meißel Lücken in die harte Ziegelwand des Kamins, ohne die Geliebte je wieder zu Gesicht zu bekommen. In schwarzer Nacht drückte ihn dieses Bild, bis es von einem noch schrecklicheren verdrängt wurde.

Kurz bevor Olga und ihre Geschwister bei ihm erschienen, hielt er – erschöpft von den Vorkehrungen für die jährliche Begegnung – kurze Mittagsruhe. Martinshörner weckten ihn. Er sah das Haus in Sonnenlicht gebadet, das er in der Mitte seiner Jahre gebaut hatte, um seiner Einzigen die ihr gemäße Umgebung zu schaffen. Doch da war nicht nur die Helligkeit des Tages. Flammen schlugen gierig aus dem First, und Fenster barsten in der undämmbaren Glut. Der Dachstuhl war über der Bibliothek, wo er über Büchern und Papier viele Jahre gesessen hatte, zuerst zusammengebrochen. Weit züngelten Flammen auch aus dem Raum, in dem sich die Liebenden einstmals so zärtlich vereinigten, wie es ihnen nie vorher geschenkt war und später nie mehr gelang. Aus den Kellerlöchern, hinter denen er sonst – beharrlich und über sein dürftiges Talent verzweifelt – auf die Buchstabenmaschine eingehämmert hatte, drang schwarzer Qualm. Schon wandte er sich resigniert ab, als er einen durchdringenden Schrei vernahm. Die Tragkonstruktion des Baus stürzte krachend nieder. Nur der Schornsteinblock blieb unerschüttert. Hoch droben auf dessen Mauerrand balancierte Diotima, das Licht seines Lebens, und schrie: „Wenn Dir, was war, noch etwas bedeutet, dann komm herauf und halte mich!" Er stand da, stumpf, ein ausgemachter Feigling, und sah den Mühen der Feuerwehrleute zu, die sie, weil allzu vorsichtig, wohl nicht mehr bergen können würden.

Nach Tagen rief ihn Olga an. Sippenklatsch ergoss sich aus dem Hörer und tötete jeden guten Gedanken. Überschwänglich dankte sie ihm für die Tage in seinem gastfreien Hause und pries die Geduld, mit der er ihr zugehört hätte. Nach der österlichen Aufrüstung wäre sie dem Leben wieder gewachsen. Ostern an seiner Seite sei wahre Wiedergeburt. „Lieber Freund, wenn ich Dich nicht hätte, wäre ich längst untergegangen", schluchzte sie.

„Mir sind in drei Tagen zwei Frauen abhanden gekommen, und mein Haus brannte nieder", sagte er. Darauf hörte er nur noch das Rauschen in der Muschel und legte auf.

Okkupation

Zwanzig Lastwagen krochen die sich eng windenden Serpentinen hinauf. Ein hagerer Offizier saß allein in dem Jeep, der den Konvoi anführte. Auf der mit Schlaglöchern und Felsbrocken übersäten Schotterstraße hatten sie schon einige Fahrzeuge aufgeben müssen. Der Aufmarschplan hatte sich wegen einer Reihe unverhofft auftauchender Hindernisse nicht einhalten lassen. Widerwillig waren sie in die vom Generalstab vorgeschriebene Rolle freundlicher Touristen geschlüpft und verteilten an gaffende Kinder mit gutmütigem Lächeln Süßigkeiten. Doch die Sympathie dieser Menschen hatten sie schon verloren, als sie den ersten Schritt über die Grenze taten. Seitdem der Landesfürst tot in seinem Palast aufgefunden wurde, brodelte es im Lande. Dass sie auf das Gebiet des kleinen Bergvolkes vordrangen, verstieß gegen das Völkerrecht. Aber wenn sie nicht das Recht brachen, würde es der Gegner tun. Schnelles Handeln verschaffte Überlegenheit. Der Offizier war Historiker. Ihn quälte die Unlauterkeit seiner Regierung. Ihr Präsident, der daheim lauthals für die Menschenrechte zu kämpfen vorgab, trat ohne Skrupel ein auf karstiger Hochebene sich mühsam behauptendes Volk in den Staub. Von jetzt an

würde die Weltöffentlichkeit sie in anderem Lichte sehen.
Von fern leuchtete ein aus roten Bruchsandsteinen erbautes Dorf. Sie mussten ihre Wasservorräte ergänzen. Es galt, sich mit dem Dorfältesten zu verständigen. Der Offizier stoppte und blätterte in einem Wörterbuch. Auf der Kuppe des kahlen Hügels erschien eine hochgewachsene weiße Frau. Dichtes braunes Kraushaar umrahmte ein waches, kluges Gesicht. Er wartete, bis sie vor ihm stand. „Schalom", sagte sie ironisch. Eine Jüdin jenseits des Kaukasus? „Schalom", erwiderte er unsicher und fragte im besten Schulenglisch: „Wird die Straße noch schlechter, ist sie gar irgendwo unterbrochen?" Ihr Lachen klang bitter. „Sie könnten froh sein, wenn dieser Weg in der Einöde endete. So würden Sie nicht mitschuldig an der unfasslichen Erniedrigung, die Euch *zivilisierte* Eindringlinge doch schlimmer treffen muss als die Unterdrückten."

Es stellte sich heraus, dass die junge Frau als Ethnologin einer Forschergemeinschaft angehörte, die nach den Wurzeln dieses Volkes grub, das noch heute jene legendären Ältesten wie Gottheiten verehrte, die vor dreitausend Jahren hier Recht sprachen und in Notzeiten den Menschen Halt und Hoffnung gaben.

„Wir dürfen das Ganze nicht aus dem Blick verlieren", sagte er aufsässig. „Die demokratische Gesellschaft muss einen Damm gegen die Barbarei aufrichten. Was gilt da die Unabhängigkeit eines Volkes, das sich ohnehin gegen niemand wehren kann?" Ihre tiefbraunen Augen blitzten böse. „Ich bin froh, nicht Ihrer verlogenen Nation anzugehören. Was ist eine Verfassung wert, wenn die Grundrechte nur für die eigenen Leute gelten? Ich verachte Sie!"

Beide verstummten. Vom Dorf her näherte sich ein Greis. Auf einen derben Eibenstock gestützt schritt er rüstig voran. Der Hirtenmantel bauschte sich im Wind. Bekümmert blickte der Offizier in die zornesdunklen Augen der Wissenschaftlerin. „Glauben Sie denn, ich schämte mich nicht?" Güte und ungebrochene Selbstgewissheit gingen von dem alten Mann aus, der sich jetzt ohne eine Spur Unterwürfigkeit vor ihnen verneigte.

Aus der Geborgenheit gleiten

Dichter Purpurnebel spiegelt sich auf der Netzhaut. Grüne Stäbchen wogen wie Kokken darin. Ein Trupp zerlumpter Reiter auf verhungerten gelben Pferden taucht aus der Wolke auf und hetzt vorüber. Auf der schrägen Fläche unzählige abgehauene und zerquetschte Glieder. Leichengeruch zieht drüber hin. Zerbeulte Helme zwischen zertrümmerten Wagenrädern. Am Horizont lodern Flammen aus jenen sandsteinernen Burgen, von wo aus einmal das Land beherrscht wurde. Der Flüchtende richtet die Augen, die eben noch unstet schweiften, entschlossen nach vorn. Er darf auf der von Steinbrocken übersäten Strecke nicht unachtsam sein. Aus Leichtsinn hat er schon sein festes Haus verloren. Seitdem wird er verfolgt. Jetzt taucht er in den Wald ein. Häher krächzen markerschütternd. Nicht einen von denen, die mit Glutaugen aus den Haselsträuchern glotzen, erkennt er. Doch er weiß, daß er gemeint ist. Lange schon war er im Visier, begriff es nur nicht in der Unbekümmertheit seiner sicheren Jahre. Nina wollte ihn von der Flucht abhalten, fesselte ihn mit einem von ihr gewirkten Zwirn, den sie für unzerreißbar hielt, an seinen dreibeinigen Grüblerstuhl. Als er sich ungestüm befreit hatte, stellte sie sich ihm in den Weg. Heftig atmend hob sie den knöchellangen Rock bis zum rautenförmigen Muttermal auf goldbraunem Oberschenkel. Die Geste, die ihn sonst lähmte, konnte ihn nicht mehr aufhalten. Hart schlug die Tür hinter ihm zu; die Zarge brach. Die gespaltene Tür hängt seitdem schief in den Angeln und läßt sich nie mehr schließen. Mit hohem Klageschrei blieb Nina zurück. Jetzt läuft er schon Stunden und kann dem Wald nicht entkommen. Will er es denn? Auf freiem Feld ist er noch weniger geborgen. Er weiß, daß er sich auflösen kann, wenn er umkehrt. Es gibt ihn dann nicht mehr; gab es ihn jemals? Doch sieh, am hellichten Tag geht blutrot der Mond über dem toten Vulkan auf, und nichts wünscht er nun sehnlicher, als sich mit ihm zu vereinen. Auf dem steiler bergan führenden Pfad kommt ihm ein Hüne im härenen Umhang entgegen. Die rottriefenden Augen beschattet ein breitkrempiger Filzhut, der mit Einschußlöchern übersät ist. Der zerzauste weiße Bart hängt bis zum silberbeschlagenen Gürtel herab. In seiner Linken hält er ein Hifthorn, aus dessen Mundstück ein Pfaffenhutzweig ragt und teerige Flüssigkeit tropft. Erst im letzten Augenblick erkennt er in jenem seinen Widersacher, wie er jede Nacht seine enge weißgetünchte Schlafkammer mit einem Raunen füllt, das den Freund Morpheus vertreibt. Mit großen Sätzen springt er seitwärts in die Buchenschonung, die ihn zu begraben droht. Zweige peitschen sein Gesicht, verflochtene Farne fesseln ihm die Beine. Er reißt sich aber- und abermals los, und am Ende gerät er in schwertscharfes Ilexgestrüpp, das ihn häutet, doch nicht aufhalten kann. Ohne Kleider und blutüberströmt erreicht er den Waldbahnhof, wo der Milchzug eben anfährt. Mit letzten Kräften spurtet er, bekommt einen der ölverschmierten, rostigen Puffer zu fassen und schwingt sich hinauf. Die Bahn erhöht das Tempo und beginnt zu schlingern. Er kann sich nur halten, indem er seine Schmerzen so besessen annimmt, daß er sie nicht mehr fühlt. Nur kurz ist die hereinbrechende Dämmerung. Bald umhüllt ihn schwärzeste Nacht. Willenlos schließt er die Augen. Jetzt ein brennender Schlag! Losgelassen hat er und stürzte hinab. Jemand kommt mit leisen Schritten näher; eine Lampe flammt auf. Die gleißende Helle scheint ihn auszulöschen. – Mein Widersacher triumphiert! – Doch er irrt. Nina beugt sich mit leisem Lächeln über ihn. Sie saugt ihm mit weichen Lippen den Schleier von den Augen und schultert seinen Körper. Ihn bekümmert, daß er leicht wurde wie eine Feder. So kann sie ihn tragen, doch er ist nichts mehr. Als sie Stufe um Stufe am Fels hinabspringt, ihn dabei fest und sicher umklammert, weiß er, daß sie den Steinbruch erreichten. Unten bettet sie ihn zart ins Boot, löst die Leine und rudert mit kräftigen Zügen der Insel entgegen. Überall schwimmen die Blüten der Wasserpest und lassen das niederziehende Geflecht darunter ahnen. Knirschend bohrt sich der Kahn ins Ufergeröll. Leichtfüßig trägt sie ihn. Im Holzhaus unter windgezausten Birken legt sie ihn nieder, um ihm das Lager zu bereiten. Die rauhen Dielen sind wie Schmirgel auf dem Leib, und die vier Hunde lecken seine Wunden. Honigmilch hat sie bereitet, die sie ihm mit kupfernem Löffel einflößt. Gedemütigt fühlt er sich und wäre lieber weit fort. Doch Nina sieht ihn mit Bersteinaugen zärtlich an. Zwischen leicht geöffneten, feuchtglänzenden Lippen leuchtet die Perlenreihe ihrer Zähne. Er ist heimgekehrt.

Publikumsbeschimpfung

Enttäuschend ist, dass wir kein Echo haben,
da wir das Inn're denen spiegeln wollten,
die nie uns anspornende Antwort gaben
auf Worte, die nur Schätze abgegolten,
die von einst die Gegenwart durchdringen:
Wir sahen Jakob mit dem Herren ringen.
Wir gingen mit Odysseus kühn auf wechselvolle Fahrt.
Die Mordlust Richards führt in der Erinnyen düstre Welt.
In Fausts Studierzimmer sah'n wir den Morgen dämmern
und hörten unterm Fels die Nibelungen hämmern,
und gütig hat Siddharta sich uns zugesellt.
Wir haben nicht nur treu Erinnerung bewahrt.
In unsren Sätzen klingt noch, was Heroen gaben.
Doch trostlos bleibt, dass wir kein Echo haben.